Desenvolva a arte de obter o que quer
Conheça as técnicas de persuasão mais eficazes
Saiba as diferenças entre manipular e persuadir

rito
egócios

Lakhani

Persuasão

Actual Editora
Conjuntura Actual Editora, L.ᵈᵃ

Missão
Editar livros no domínio da Gestão e Economia e tornar-se uma editora de referência nestas áreas. Ser reconhecida pela sua qualidade técnica, **actualidade** e relevância de conteúdos, imagem e *design* inovador.

Visão
Apostar na facilidade e compreensão de conceitos e ideias que contribuam para informar e formar estudantes, professores, gestores e todos os interessados, para que através do seu contributo participem na melhoria da sociedade e gestão das empresas em Portugal e nos países de língua oficial portuguesa.

Estímulos
Encontrar novas edições interessantes e **actuais** para as necessidades e expectativas dos leitores das áreas de Economia e de Gestão. Investir na qualidade das traduções técnicas. Adequar o preço às necessidades do mercado. Oferecer um *design* de excelência e contemporâneo. Apresentar uma leitura fácil através de uma paginação estudada. Facilitar o acesso ao livro, por intermédio de vendas especiais, *website*, *marketing*, etc..
Transformar um livro técnico num produto atractivo.
Produzir um livro acessível e que, pelas suas características, seja **actual** e inovador no mercado.

Persuasão
Dave Lakhani

www.actualeditora.com
Lisboa — Portugal

Actual Editora
Conjuntura Actual Editora, L.da
Caixa Postal 180
Rua Correia Teles, 28-A
1350-100 Lisboa
Portugal

TEL: (+351) 21 387 90 67
FAX: (+351) 21 387 14 91

Website: www.actualeditora.com

Título original: *Persuasion: the art of getting what you want*
Copyright © 2005 de Dave Lakhani
Edição original publicada por John Wiley & Sons, Hoboken, New Jersey

1ª edição – Setembro 2006
2ª edição – Novembro 2006
Todos os direitos para a publicação desta obra em Portugal reservados por Conjuntura Actual Editora, L.da
Tradução: Ana Pina
Revisão: Sofia Ramos e Teresa Leandro
Design da capa: Engage, Itália
Paginação: Guidesign
Gráfica: Guide – Artes Gráficas, L.da
Depósito legal: 250151/06
ISBN: 989-95149-2-6

Nenhuma parte deste livro pode ser utilizada ou reproduzida, no todo ou em parte, por qualquer processo mecânico, fotográfico, electrónico ou de gravação, ou qualquer outra forma copiada, para uso público ou privado (além do uso legal como breve citação em artigos e críticas) sem autorização prévia por escrito da Conjuntura Actual Editora. Este livro não pode ser emprestado, revendido, alugado ou estar disponível em qualquer forma comercial que não seja o seu actual formato sem o consentimento da sua editora.

Vendas especiais:
O presente livro está disponível com descontos especiais para compras de maior volume para grupos empresariais, associações, universidades, escolas de formação e outras entidades interessadas. Edições especiais, incluindo capa personalizada para grupos empresariais, podem ser encomendadas à editora. Para mais informações contactar Conjuntura Actual Editora, L.da.

É com amor que dedico este livro às quatro mulheres mais importantes da minha vida:

A minha avó – Edith Ramsey McManus
A minha mãe – Joanna Lakhani-Willard
A minha mulher – Stephanie Lakhani
A minha filha – Austria Raine Lakhani

Também aos meus irmãos:

Bill Willard Jr.
Mike Willard

E aos meus amigos mais íntimos:

Thomas "Ted" Goodier
Bill Braseth
Rodney Schlienz
Steve Watts
Ronald "John" Stukey

Índice

Prefácio de Jeffrey Gitomer		11
Prefácio do autor		13
Agradecimentos		19
Sobre o autor		21
1	Manipulação	23
2	Persuasão	33
3	Identidade – O Persuasor Invisível	37
4	Transferência de Poder e Credibilidade	55
5	Contar Histórias	61
6	O Reino dos Gurus	77
7	Desejo de Acreditar	93
8	Familiaridade	103
9	Exclusividade e Disponibilidade	111
10	Curiosidade	121
11	Ser Relevante	127
12	Transmitir Aceitação	133
13	Técnicas Rápidas de Persuasão	141
14	A Equação da Persuasão	153
15	Vendas Persuasivas	167
16	Publicidade Persuasiva	177
17	Negociar Persuasivamente	191
18	Persuadir as Massas Electronicamente	199
19	Dominar a Persuasão – A Arte de Obter Aquilo que Quer	207
Leituras recomendadas		213

Prefácio de Jeffrey Gitomer
Autor de *The Little Red Book of Selling*

Todos queremos as coisas à nossa maneira. Desde a mais tenra idade tentamos persuadir terceiros. Chorando, sorrindo e batendo com o punho na mesa. Básico, sem dúvida, mas eficaz.
Lembra-se quando ia à mercearia com a sua mãe? Quando implorava uma tablete de chocolate? Lembra-se dos namoros de liceu? Pois bem, isso era persuasão.
Mas tudo indica que perdeu a força inerente às suas competências de persuasão desde que tem o seu nome impresso no cartão de visita.
Mas não desespere. Neste livro encontrará as respostas que procura para persuadir, seja ao nível das vendas, dos serviços, da comunicação dentro da empresa, dos amigos ou da família.
Conseguir que os outros compreendam a sua perspectiva, aceitem as suas ideias, façam o que quer que eles façam ou, muito simplesmente, lhe dêem razão, conjuga ciência e competência. Neste livro irá adquirir as competências necessárias para o efeito.
A persuasão não é uma mera técnica de vendas. É uma competência de vida.

Ao longo deste livro irá alterar a forma como pensa e interage com terceiros em várias áreas, desde o que veste ao que o seu corpo transmite. Pedir-lhe-ão que faça coisas, que tome decisões. E é o que vai fazer. Haverá melhor maneira de aprender o que é a persuasão do que deixando-se persuadir, tomando decisões e tendo prazer em fazê-lo?
O segredo da persuasão está em fazer com que a outra pessoa se sinta bem depois de aceitar a sua visão dos factos ou o seu modo de agir. Para isso é preciso compreender como se pode persuadir – e persuadir o melhor possível.
A resposta mais fácil encontra-a neste livro: incite os outros a deixarem-se persuadir. Como? Fazendo perguntas.
A persuasão é um resultado. E o segredo para uma boa persuasão pode resumir-se nesta simples expressão: isenta de manipulação. A persuasão manipulada é efémera. A verdadeira persuasão é aquela que perdura além do momento.

A persuasão é uma arte.
A persuasão é uma ciência.
A persuasão é um compromisso.
A persuasão é desenvolver excelentes competências de comunicação.
A persuasão é colocar questões que clarifiquem a situação.
A persuasão é convencer o outro a deixar-se persuadir.
A persuasão é ler este livro – e pôr os seus princípios em prática.
A persuasão é um resultado.
A persuasão é uma vitória.

Aquela música não devia terminar com "Fiz à minha maneira!"*. Se Frank Sinatra ou Elvis Presley fossem mestres na arte da persuasão teriam cantado:

"Fiz à minha maneira e todos concordaram comigo!"**

Que tal aprender a persuadir os outros, levando-os a concordar com a sua visão das coisas?

Se estiver de acordo com tudo o que disse até aqui, é só virar a página...

Jeffrey Gitomer

---

* **N.T.** Em inglês: "I did it my way!"
** **N.T.** "I did it my way, and everybody agreed with me!"

Prefácio do autor

Deixem-me nu e sem dinheiro no bolso em qualquer cidade da América e verão que, ao final do dia, já arranjei roupa, comida, dormida, uma forma de ganhar a vida, seguidores e dinheiro suficiente para começar de novo. Porquê? Porque sei exactamente o que é preciso para persuadir os outros a fazerem o que tem de ser feito para atingir os meus e os seus objectivos.

Dave Lakhani

A interacção humana implica quase sempre um certo nível de persuasão, especialmente ao nível das vendas, negociações, *copywriting*, publicidade e relações com os *media*. Muitos académicos, filósofos e cientistas já exploraram o processo, mas poucos o fizeram consistentemente. Antes ignoraram o cerne da persuasão. Analisaram-na como um processo que se usa se necessário e esqueceram-se de que a persuasão não é uma ferramenta opcional. Usamo-la para sobreviver. A persuasão é, pois, a essência da vida. Bem como a capacidade de nos deixarmos persuadir – por nós próprios e por aqueles que nos persuadiram.

Este livro começou a ganhar corpo com o meu primeiro estudo do processo de persuasão, há mais de 24 anos, e desde então não parou de evoluir. Ao longo dele demonstro como a persuasão funciona nas pessoas, nos *media*, na publicidade e nas vendas. Enumero igualmente etapas específicas para desenvolver o seu poder de persuasão, carisma e capacidade de influenciar terceiros para conseguir o que pretende. Mostro-lhe como pode incorporar este processo na vida quotidiana, de forma a influenciar e persuadir eficaz e inconscientemente. Será algo tão natural como falar ou caminhar.

Este livro é diferente de todos os que já leu sobre persuasão, vendas ou negociações. E as diferenças são profundas a vários níveis. Mas não tenciono analisar cientificamente por que razão as pessoas tomam as decisões que tomam, nem dissecar as metodologias psicológicas capazes de provocar mudanças nos outros. Tenciono, sim, demonstrar na primeira parte deste livro a diferença entre persuasão e manipulação. Na segunda parte, centrar-me-ei em áreas-chave e nos elementos presentes na persuasão rápida.

O meu verdadeiro interesse (e creio que o seu também) é persuadir... e rapidamente. Assim, parece-me que o melhor será dar-lhe uma visão geral desses elementos, explicar-lhe a importância que podem vir a ter e como usá-los em seu proveito. Não vou incomodá-lo com referências obscuras, vou apenas ocupar-me das mais apropriadas ao seu sucesso.

Por último, na terceira parte do livro, ilustro a Equação da Persuasão™, que interliga todos os elementos e serve de base para persuadir rapidamente. Esta secção foi, aliás, descrita como perigosa e engenhosa por todos os que assistiram aos meus seminários e cursos sobre como falar em público. A Equação da Persuasão ilustra de uma forma muito simples como aplicar as diferentes técnicas aprendidas na segunda parte do livro, no sentido de conquistar o consentimento dos outros ou de os levar a fazer exactamente aquilo que quer que façam. Há quem considere o processo engenhoso devido à sua simplicidade, e perigoso porque é exactamente o mesmo processo que usamos para manipular. É a sua intenção que, em última análise, vai determinar se persuadiu ou manipulou e, caso se tenha decidido pela manipulação, vai aferir se foi, ou não, oportuna. Na prática, apenas o leitor poderá ajuizar sobre esta questão.

O mais interessante neste processo, tenha ele subjacentes motivos profissionais ou pessoais – como marcar um encontro com a mulher ou o homem perfeito –, é que vai funcionar lindamente. Analiso ainda algumas áreas que, na minha opinião, lhe podem ser particularmente úteis e, por isso mesmo, incluí secções como a escrita, as negociações, a publicidade e as vendas. Estas secções vão ajudá-lo a optimizar o processo de persuasão em situações profissionais específicas e a desenvolver as suas aptidões em cada uma delas.

Comecei a estudar a persuasão por uma razão pouco vulgar. Fui criado por uma mãe solteira extremamente inteligente, que queria o melhor para mim e para os meus irmãos. Era culta, criativa, eloquente, motivada e empenhada numa vida melhor para todos nós... pelo que decidiu dar-nos uma educação religiosa, ou melhor, criar-nos no seio de uma seita religiosa.

Antes de explicar por que razão estes antecedentes me levaram a estudar a persuasão, gostaria de falar-lhe um pouco sobre esta extraordinária seita que foi, no fundo, o que me motivou a estudar aprofundadamente a persuasão, a manipulação e a influência.

Quando falo em "seita religiosa" não me refiro aos fundamentos da Igreja Cristã. Pelo contrário, embora acreditasse em Deus enquanto Salvador, as semelhanças com a religião tradicional acabavam aí. Para a seita, o valor das mulheres na sociedade cingia-se a darem à luz e a cuidarem dos filhos, da casa e dos maridos. A educação era fortemente desencorajada, os rapazes deviam abandonar a escola até ao oitavo ano e a maioria das raparigas era forçada a fazê-lo até ao sexto ou sétimo anos, prosseguindo os estudos em casa até terminarem a escolaridade obrigatória. Não havia televisão nem rádio. E a dança, o divórcio e os encontros fora da igreja eram proibidos. As mulheres não podiam cortar o cabelo, usar maquilhagem ou acessórios masculinos (calças em particular). E aos homens era exigido cabelo muito curto e barba escanhoada, e cabia-lhes garantir o sustento da família.

Os serviços religiosos eram igualmente rigorosos. Tinham lugar às terças e quintas, duas vezes ao domingo e, muitas vezes, nas noites de sexta-feira. Os sermões eram inflamados e duravam, na maioria dos casos, mais de três horas. Ninguém falava, se mexia ou cirandava pela igreja. Os diáconos zelavam por isso e as crianças que ousassem desobedecer (ou aborrecer-se ao ponto de ficarem irrequietas) eram imediatamente conduzidas às traseiras da igreja e castigadas se os pais não o fizessem atempadamente. Em matéria de castigos, imperavam as reguadas. Mimos eram coisa inexistente.

Um dos meus irmãos sofreu terrivelmente durante esses anos. Tinha o que hoje se chama distúrbio de defeito de atenção* e um elevado QI. O diagnóstico dos líderes religiosos foi outro: "tinha o Diabo no corpo", e por isso recomendaram açoites regulares para expulsar o dito. Fiquei amiúde maravilhado com o poder que o Diabo exerce no meu irmão pois, por muitos açoites ou outros castigos físicos que lhe infligissem, o Diabo teimava em não sair – tenho grande respeito pelos meus dois irmãos e admiro a forma como suportaram e resistiram ao que teria destruído, senão matado, qualquer outra pessoa, e por terem mantido a sua sanidade e serem hoje pessoas bem sucedidas. Bater numa criança com tal severidade e frequência, ao ponto de ela mal conseguir andar, expulsaria todos e quaisquer demónios.

---

* **N.T.** ADD – *Attention Deficit Disorder*. Por ser uma doença só recentemente descoberta, a sua designação em português não é ainda concensual.

Mas era importante expulsar o Diabo porque, segundo a Igreja dos Crentes na Bíblia – como são chamados os seguidores do profeta William Branham –, o futuro próximo reserva-nos um êxtase literal. E só os verdadeiros "Crentes na Bíblia", como eles, seriam elevados a esse êxtase, conquistando o acesso ao reino de Deus. Todos os outros sofreriam tormentos na Terra até à ressurreição, altura em que os mortos se ergueriam e em que aconteceria, literalmente, tudo o que vem no livro da Revelação e a grande maioria seria lançada ao lago de fogo.

Parece quase surreal, não é verdade? Estou ciente de que a minha versão resumida apresenta algumas falhas de raciocínio. Mas o que mais me surpreendia, à medida que fui crescendo, foi o número de pessoas que aceitavam sem questionar a história que agora lhe contei. Muitas delas eram cultas e oriundas de famílias estáveis, outras não. Dia após dia, ano após ano, essas mesmas pessoas abdicavam voluntariamente de grande parte dos seus rendimentos para sustentar um líder religioso (ao qual muitas das regras não se aplicavam) e uma seita, ao mesmo tempo que pregavam a boa nova, atraindo novas pessoas e persuadindo-as sistematicamente até, também elas, se deixarem enredar.

Estive envolvido nesta seita dos 7 aos 16 anos, altura em que decidi que, se queria terminar os meus estudos e não causar mais problemas à minha família, teria de abandonar o culto. E, para isso, tinha igualmente de sair de casa. Pouco depois do meu 16.º aniversário, comuniquei à minha mãe e à seita os meus propósitos. Fui sumariamente excomungado com uma oração a Deus – que Ele entregasse a minha alma a Satanás para que este destruísse a minha carne e assim me fizessem ver o erro que cometia, me arrependesse e regressasse aos valores da seita (admito, por mais absurdo que possa parecer que, em certos momentos, cheguei a questionar-me se essa oração não teria tido algum efeito na minha vida).

No dia seguinte saí de casa e retirei-me para o único local que sempre me trouxe consolo e se revelou uma fonte inesgotável para a minha mente ávida de respostas... a biblioteca. Foi aí que comecei a estudar o que leva as pessoas a aderir a seitas e, mais especificamente, como pôde alguém tão inteligente, criativo e maravilhoso como a minha mãe renegar tudo o que sabia e aceitar como verdadeiro o que aquela gente dizia. Comecei a pensar como poderia persuadi-la a levarmos uma vida melhor, mais equilibrada e menos espartana.

A história que contei não é um exercício de persuasão, antes de manipulação. Este não é um livro sobre seitas religiosas, embora aborde a questão da fidelização do cliente à imagem do que as seitas fazem. Todavia, não vou abordar a manipulação negativa, visto não permitir uma relação duradoura. Vou, sim, ensinar-lhe exactamente como deve manipular para poder perceber a essência da manipulação, para dela se defender e para não ser apontado como seu agente. No início do livro, falarei de manipulação, em que consiste e por que funciona... por algum tempo, pelo menos. Verá que as muitas facetas de uma persuasão eficaz são comuns à manipulação; no entanto, aquilo que verdadeiramente as distingue é a subtileza das diferenças e dos resultados. A manipulação é, pois, efémera. Mas a verdadeira persuasão persiste.

Este livro aborda a persuasão e a arte de persuadir para conseguir exactamente o que quer. Quando se obtém o que se quer também se desenvolve a capacidade de ajudar os outros a conseguirem o que querem, o que corresponde, na prática, ao mais elevado nível de persuasão. E vou partilhar consigo o que descobri nesses anos, porque as estratégias e as tácticas que aprendi para fazer os outros mudarem de ideias, para criar situações de sucesso e conseguir o que queria, e permitir-lhe-ão ter, rápida e facilmente, tudo o que sempre quis ter na sua vida.

As estratégias que vou partilhar de seguida são, no fundo, padrões éticos, tácticas e processos objectivos – e não estratégias de um crente manipulador –, que podem ajudá-lo a tirar ainda mais partido da vida. Quando compreender quais são os elementos da persuasão necessários ao seu sucesso, este passará a ser mais recorrente. A verdadeira persuasão tem por base a verdade, a honestidade, a curiosidade e a capacidade de contar uma boa história, bem como a análise dos critérios de persuasão das pessoas que queremos persuadir para poder, facilmente, dar resposta às suas expectativas. Vou ainda mostrar o que é a manipulação, por que razão é uma má opção e por que nunca funciona a longo prazo, ao mesmo tempo que lhe ensino como pode usar as poderosas e positivas ferramentas da persuasão, que não só são capazes de fazer os outros mudar de ideias num abrir e fechar de olhos como os levam a fazer exactamente aquilo que quer, tal como eu fiz.

O facto de ter aprendido a persuadir eticamente permitiu-me atingir todas as principais metas que me tinha proposto, deixando-me persuadir e persuadir os outros rápida e eficazmente. Pelo caminho, também ajudei muitos a quem persuadi a concretizar pelo menos uma das suas metas. E consegui obter um rendimento que me coloca entre os três a cinco por cento de indivíduos com maiores rendimentos nos EUA.

Consegui também os melhores empregos, contactei com intelectuais e com pessoas extraordinárias (como o leitor), com quem pude aprender e que apoiaram as minhas iniciativas. Fiz mais em quarenta e poucos anos de vida do que a maioria faz numa vida inteira. E, tal como o leitor, tenho ainda muito para fazer antes de soar a minha hora.

A minha mãe reconheceu, por fim, que a seita estava errada e abandonou-a cerca de três anos depois de eu sair de casa. Mas o seu poder e influência foram tais que, no leito de morte, ainda questionava a sua decisão, perguntando-se se fizera bem em abandoná-la.

Após a sua morte, em 1999, reflecti profundamente sobre o que teria levado a minha mãe a questionar a sua decisão, mesmo depois de reconhecer que as crenças que a mantiveram ligada à seita durante tantos anos estavam erradas. Quanto mais pensava no assunto, mais o enquadrava num contexto empresarial. O que me levou a colocar a seguinte questão: "Não deveriam os seus clientes pensar se, preterindo a sua empresa, poderiam estar a cometer o maior erro das suas vidas?".

Ao longo deste livro, demonstro como pode fidelizar os clientes, à imagem dos fiéis de uma seita, para que, mesmo ao preteri-lo, fiquem a pensar se terá sido de facto a melhor decisão. É essa preocupação, juntamente com a sua capacidade ética de os servir melhor, que os fará regressar – ou que evitará uma ruptura, muito simplesmente. A manutenção de convicções é um conceito eficaz que iremos aprofundar mais adiante neste livro.

Se alguma vez sonhou que a vida é mais do que aquilo que lhe dá actualmente, se sonhou ganhar mais, ter um emprego melhor, vender mais, fazer melhores negócios, "coisas" melhores, encontrar o parceiro ideal ou uma vida melhor prepare-se, pois vou mostrar-lhe o que os verdadeiros persuasores e os que têm informação privilegiada, os "vendedores natos", realmente sabem. Vou mostrar-lhe como pode conseguir tudo o que quer, sempre que quiser. E vou ainda explicar-lhe como pode evitar os erros que cometi para reduzir a sua curva de aprendizagem.

Se estiver de acordo, nas próximas páginas serei o seu tutor, o seu professor, o seu *coach*, e ensinar-lhe-ei uma competência que os seus pais não acharam necessária, que as escolas não ensinam e que nem sequer é tema de conversa, embora lhe vá ser extremamente útil até ao fim da vida. Vou mostrar-lhe como se domina a *Persuasão – A Arte de Obter Aquilo que Quer*.

Agradecimentos

Não é possível escrever um livro sem a preciosa ajuda de pessoas indulgentes e compreensivas. Este livro não é, pois, excepção, pelo que quero aqui expressar a minha gratidão a algumas dessas pessoas. Para os que ficarem de fora, quero deixar claro que não foi intencional e a todos agradeço.

Estou profundamente grato a algumas pessoas, em especial a Joe Vitale, um homem muito interessante e um extraordinário escritor, por tudo o que fez para que este livro se tornasse realidade, e a Matt Holt, o meu editor na Wiley, com quem foi um prazer trabalhar e que pronta e diligentemente me ajudou em todo este processo. Quero ainda agradecer a Robert Greene, autor de dois livros fundamentais sobre a persuasão, *The 48 Laws of Power* (Penguin Putnam, 2001) e *The Art of Seduction* (Penguin Books, 2003), pelo tempo que me dispensou quando ultimava o seu novo livro. Agradeço também a Angela Dailey, amiga e psicóloga, pelo seu valioso contributo, e a todos aqueles que entrevistei e cujos contributos enriqueceram este livro. Obrigado Kathy McIntosh pela ajuda na edição, pela sua inestimável contribuição.

Agradeço a todos os meus clientes e alunos a sagacidade das suas perguntas – mesmo que as possam considerar idiotas. Agradeço igualmente a Steve Watts (um persuasor excepcional) a sua amizade e ajuda na demonstração ou refutação das muitas ideias que vai encontrar neste livro, bem como a todos os profissionais de vendas com quem tive o privilégio de trabalhar, em particular a Todd Carlson, John Miller, Ryan Valentine, Nattalie Hoch e Angela Karp. Agradeço ainda a motivação que recebi dos Below The Radar Wizards. Agradeço a Jana Kemp por me ouvir com a mesma rapidez com que penso e falo. Obrigado Caitlin Stelflug por ter tomado conta do escritório durante a escrita deste livro.

Os meus maiores agradecimentos vão para todas aquelas pessoas que persuadi num ou noutro momento da minha vida. Agradeço a experiência e o *feedback*. Sem vós este livro não seria possível.

Agradeço ainda aos que sempre me apoiaram em todos os projectos ao longo de uma vida plena e em constante mutação. O seu estímulo foi igualmente valioso neste processo. Rod e Casey Schlienz, Bill e Sandra Braseth, Ted e Sherri Goodier – obrigado pela vossa amizade. Agradeço ao Dr. John Stuckey que, aquando da escrita deste livro, servia honrosamente o nosso país no Iraque e a quem nunca tive de pedir apoio por sabê-lo incondicional. E, claro, esta lista de agradecimentos só ficaria completa após agradecer o contributo da equipa do Nurnberg DST, "The Reagan Years", e The Four Horsemen. Os ideais que então começámos a construir ganharam finalmente corpo.

No Prefácio revelei-vos um período da minha vida especialmente confuso, apesar de este ter conduzido a mais de vinte anos de pesquisa, agora ilustrados neste livro. Durante este tempo, quatro pessoas que sempre mereceram o meu respeito e confiança, e ajudaram-me a ver e a aprender o que era possível, apoiando-me mesmo quando discordavam das minhas opiniões. A Shawn e Linda Kee, Kevin Lee e Richard Dailey os meus sinceros agradecimentos.

Por último, agradeço à minha mulher e filha, que me julgaram perdido ou cativo no meu próprio escritório. Obrigado pelos lanches e pelos risos e, acima de tudo, pela compreensão. Fazem que tudo valha a pena. Amo-vos.

Dave Lakhani

Sobre o autor

Dave Lakhani intitula-se o primeiro *Business Accelaration Strategist*™, presidente da Bold Approach Inc., presta apoio em *Business Accelaration Strategist** que ajuda organizações de todo o mundo a aumentar rapidamente as suas receitas através de vendas eficazes, de técnicas de *marketing* e relações públicas.

Dave Lakhani é considerado um dos maiores peritos na aplicação da persuasão. Razão por que as suas palestras são muito concorridas e por que é ouvido pelas mais diversas organizações, pequenas e grandes, um pouco por todo o mundo. Os seus conselhos surgem regularmente em publicações como a *Selling Power, Sales and Marketing Management, Wall Street Journal, Investors Business Daily, INC., Entrepreneur* ou no *The Today Show*, e colabora com diferentes meios de comunicação. É animador do *talk show* radiofónico *Making Marketing Work*, que se focaliza em estratégias de *marketing* para empresas em crescimento, e co-autor de *A Fighting Chance* (Prince Publishing, 1991), integrado na antologia *Ready, Aim, Hire* (Persysco, 1992), e do áudio-livro *Making Marketing Work* (BA Books, 2004).

Dave Lakhani liderou mais de dez empresas nos últimos 20 anos – todas elas casos de sucesso – e considera-se um empreendedor por excelência e um empenhado construtor de negócios. A avidez pelo conhecimento levou-o, nos últimos 20 anos, a estudar as vendas, o *marketing* e os profissionais influentes. Estudou Programação Neurolinguística (NLP) com o fundador da NLP, Richard Bandler, é "Master Practitioner" de NLP, licenciado e antigo professor adjunto na The Wizard of Ads Academy.

Dave vive em Boise, no estado de Idaho, com a mulher, Stephanie, e a filha, Austria. Nos seus tempos livres gosta de fazer mergulho, de praticar esqui e artes marciais, de ler e de saborear um bom vinho. Pode consultar o seu *site* em www.howtopersuade.com.

---

* **N.T.** Área que estuda o incremento da rapidez do negócio através da utilização de tecnologias de informação.

(1) Manipulação

Neste capítulo irá aprender:
- quais são os quatro elementos fundamentais da manipulação
- a diferença entre persuasão e manipulação

> *O amor surge quando acaba a manipulação. Quando pensa mais na outra pessoa do que nas suas reacções. Quando ousa revelar-se plenamente. Quando ousa ser vulnerável.*
>
> Dr.ª Joyce Brothers

No Prefácio deste livro descrevi sucintamente a seita religiosa no seio da qual fui educado e que esteve na origem do meu estudo da persuasão. Quando iniciei este estudo, a primeira conclusão foi que existiam muitas semelhanças entre manipulação e persuasão. Mas, ao aprofundá-lo, apercebi-me de que a manipulação é, tão-só, um dos caminhos para a persuasão – para uma persuasão temporária e não um acordo duradouro.

A definição de *manipulação* no *American Heritage Dictionary* – "gestão inteligente ou desonesta, a pensar no proveito próprio" – enquadra-se mais na discussão que visa distinguir a persuasão da manipulação. Nesta, o manipulador é o único que dela beneficia a longo prazo. Vejamos agora a definição do verbo *persuadir*: "Induzir a fazer, a tomar uma decisão ou a adoptar um ponto de vista, utilizando a argumentação, o raciocínio ou a súplica".

> Ou seja, a persuasão permite que duas pessoas confluam numa opinião que é benéfica para ambas.

A manipulação está intimamente focalizada em metas e resultados pessoais, e descura por completo os resultados ou o impacto em quem é manipulado. Defraudar ou encobrir provas óbvias e factuais é algo intrínseco à manipulação, uma vez que a apresentação e demonstração dos factos permite que alguém racional tome, lógica e naturalmente, uma decisão desfavorável para o manipulador.

A manipulação visa criar uma série de regras ou condições artificiais para gerir o conflito e, assim, perpetuar-se. As penalidades mais recorrentes quando se desafia manipuladores podem ir de novas desilusões a maus-tratos físicos e emocionais para "manobrar de forma inteligente e em proveito próprio". Nas discussões que tive sobre manipulação com a reputada psicóloga Angela Dailey, esta disse-me que "a manipulação, positiva ou negativa, se define antes de mais pelas intenções da pessoa que manipula. Se disser a uma criança que foi buscar um pacote de bolachas e que tenciona comê-las antes de ir para a cama que só pode comer uma ou nenhuma, crio a ilusão da escolha, embora dentro de limites que considero aceitáveis. Manipulei o seu comportamento a pensar no seu bem-estar, pois ela precisa de uma boa noite de sono."

Falar sobre manipulação com psicólogos redunda quase sempre na mesma conclusão: a verdadeira diferença entre manipulação e persuasão reside nas intenções propriamente ditas. Robert Greene, autor de *The 48 Laws of Power* (Editado por Penguin Putman, 2001), foi muito mais peremptório na sua definição de manipulação, dizendo que "todas as tentativas de influenciar são manipulação".

Praticamente todos já vivemos situações em que fomos manipulados. Uma das mais comuns é quando se compra um carro em segunda mão. Embora não englobe todos os vendedores na mesma categoria, quase todos já passámos por essa experiência pelo menos uma vez na vida. Vamos então analisar as circunstâncias em que podemos ser manipulados.

Um dia, ao almoço, você e a sua mulher decidem que é hora de comprar um carro novo. Querem um modelo mais recente que o actual, mas não querem gastar dinheiro com um modelo acabado de sair. Enquanto almoçam, ouvem as palavras mágicas na televisão pela boca de um vendedor de carros obeso e com olhos de carneiro mal morto. "Apareça no domingo. Domingo no Car Corral. Temos preços imbatíveis, pois queremos escoar o *stock*. As nossas perdas são os seus ganhos, mas para isso tem de vir cá ainda hoje!" Como é inteligente, vira-se para a sua mulher e diz: "Não perdemos nada em ir até lá. Além disso, nunca deixaria aquele tipo convencer-me a comprar um carro que não quero". E está assim encontrada a primeira condição para a manipulação (e persuasão), ou seja, *a procura de uma solução.*

A procura de uma solução é extremamente importante para o manipulador e para o persuasor, porque isso significa que quem procura está mais vulnerável, quer algo que não tem e precisa da sua perícia, dos seus produtos ou serviços.

Quem é manipulado está aberto a várias possibilidades. Ao baixar a guarda, ao aceitar que a informação existe e que é parte interessada, passa a estar disposto, para atingir os seus objectivos, a ver as suas ideias contestadas e a deixar que terceiros lhe proponham novas possibilidades. Isto é, passa a preencher a segunda condição: *o sentido do tempo*. Um aspecto fundamental, pois todos temos a noção da importância do tempo. As coisas têm de ser rápidas, as decisões têm de ser tomadas com celeridade e todos nós sabemos que quem chega primeiro ganha. Manipuladores e persuasores sabem que ao aumentarem a pressão temporal reforçam o sentido do tempo, e que isso leva as pessoas a tomarem decisões impulsivas, abrindo caminho à terceira condição: *o potencial de perda*.

No fundo, vai ter com o vendedor de carros a pensar que controla a situação quando é você o controlado. Vai falar com ele e fica com a impressão de que ele sabe muito sobre carros. O vendedor esforça-se por perceber o que o cliente quer para lhe apresentar as melhores propostas, sabendo que só ele sabe tudo o que há para saber sobre cada viatura. É o seu trabalho, certo? E eis que está preparado o terreno para a quarta condição: *encontro com a autoridade benevolente*.

Sendo as quatro condições ideais para a manipulação ou persuasão, só as intenções do manipulador ou persuasor vão ditar o seu papel e, em última análise, o deles próprios e do negócio. Mas há ainda outra condição vital para o sucesso, que passo agora a descrever sumariamente.

Durante a má experiência que teve com a compra do carro, não só se reuniram as quatro condições como não teve consciência da susceptibilidade com que iria reagir ao que se seguiu. Foram-lhe dadas várias opções, mas apenas uma se adequava ao seu perfil. Garantiram-lhe que a sua apreensão não tinha fundamento e que não havia razões para estar preocupado. Estas garantias foram reforçadas por termos técnicos sonantes e por argumentos plausíveis, pelo que se decidiu a comprar o carro. Como não é a primeira vez que faz este tipo de transacção, chegado o momento dispara a sua oferta. O vendedor transpira e diz-lhe que não pode vendê-lo pelo preço que oferece, mas que vai falar com o gerente para ver o que se arranja. Regressa e faz-lhe outra proposta, mais baixa, é certo, mas superior à sua. Também lhe diz que um cliente ofereceu mais pelo carro a outro vendedor da casa, embora ainda não tenha efectivado a compra. Fica nervoso e pergunta-se se não será *bluff*. Se for, vai pagar caro pelo carro, se não for, ficará sem aquele que, entretanto, passou a ser o "carro ideal". O processo repete-se até que o vendedor lhe propõe um preço superior à sua oferta, aliciando-o com uns "extras", como pneus novos e um leitor de CD. É a proposta final, por isso, tem de tomar uma decisão. Se desistir, o outro cliente fica com o carro, ou perde os "extras" se não o comprar nesse momento. Como é inteligente, prefere esperar, pensar durante algumas horas. Tenta que o vendedor lhe garanta o preço e as condições até lhe ligar, ao final do dia, a confirmar se fecham, ou não, o negócio. Obtém essa garantia, mas é-lhe dito que, se o outro cliente se decidir primeiro, nada poderão fazer.

A tarde está a chegar ao fim, o sol começa a pôr-se e decide que, afinal, quer mesmo comprar aquele carro. A derradeira condição da manipulação ganhou forma: *assumiu plenamente o compromisso*. Ao comprometer-se mental e emocionalmente, abriu caminho a grandes perdas, mas ficará com o carro. O persuasor, astuto e perspicaz, conseguiu que fizesse pequenas concessões e é precisamente isso que vai levá-lo a tomar uma decisão. As dúvidas persistem, de forma irritante, mas diz a si próprio que é um bom negócio e que se esforçou por obter um bom preço.

Decide ligar para dizer que quer o carro e, para sua grande consternação, fica a saber que já foi vendido ao cliente que ofereceu mais pelo *seu* carro. Fica destroçado, desanimado – era o *seu* carro, queria-o para si. Se não tivesse esperado... agora tem de recomeçar tudo de novo, sabendo que, muito provavelmente, deixou escapar a melhor oportunidade. Perguntou sobre outros carros e o vendedor, solícito, disse que poderia ajudá-lo se quisesse passar no *stand* no dia seguinte. E é o que faz.

Na manhã seguinte, o vendedor tem uma novidade extraordinária para lhe dar. As pessoas que queriam comprar o *seu* carro não obtiveram financiamento, pelo que ainda pode ser seu se o comprar antes de eles obterem um novo crédito. E pronto, mordeu o isco e compra o carro naquele preciso instante. Foi por pouco, por isso não quer voltar a perdê-lo.

Leva o carro e, na manhã seguinte, pergunta-se se tomou a decisão certa. Mas o carro é giro, foi essa a opinião do vizinho, aliás. Dias depois, começa a aperceber-se de pormenores que nunca poderia ter detectado num teste de condução de dez minutos. À medida que anota mentalmente o que se passa, tenta entrar em contacto com o vendedor. Ninguém atende. Decide ir até lá e dizem-lhe que não é possível trocar o veículo. No entanto, o técnico de serviço está ao seu dispor para averiguar o que se passa. Depois de uma revisão rápida, descobre que terá de gastar umas centenas de dólares no arranjo do carro. Isto numa primeira fase, pois é bem possível que venha a ter novos problemas – e dispendiosos. E assim começa a maravilhosa saga da compra do carro novo. Sente-se defraudado, enganado e pergunta-se como pôde aquilo acontecer.

Anime-se: não é o único a ser susceptível ao manipulador, todos somos. A história fácil, as maneiras carismáticas e o enquadramento são irresistíveis para a maioria de nós. Mas nada disto serve de consolo, não é verdade? De facto, quando nos sentimos manipulados ficamos furiosos, desesperados e incapazes de controlar a situação. O manipulador, pelo contrário, conseguiu tudo o que pretendia.

A manipulação só é possível a curto prazo devido à falta de experiência, informação ou espírito crítico de quem é manipulado. A partir do momento em que o seu sentido crítico desperta e passa a analisar a sequência de acontecimentos ou circunstâncias em que foi manipulado, perceberá todos os sinais de alerta que se manifestaram durante a interacção. Porque não lhes prestou então a devida atenção? A resposta é simples. Quando procuramos soluções, aquela que se enquadra nos nossos objectivos tende a ser encarada como a mais acertada. Encontramos sempre maneira de justificar ou de "ajustar à força" a solução para o nosso problema (ou desejo). Os manipuladores sabem que se lhe apresentarem a solução, a chave, a resposta ao seu problema, começará imediatamente a racionalizar as objecções que possa ter. Ou seja, arranjará maneira de as ajustar. Entretanto, o manipulador continuará a jogar com as provas e a emoção, pressionando-o até que tome uma decisão. "A regra 80/20 é a que melhor se aplica a esta situação", realça a psicóloga Angela Dailey. "É fácil negar os 20 por cento de dúvidas quando estas são esmagadas pelo desejo ou por provas concludentes, mesmo que a dúvida persista. Basta arranjar justificações ou racionalizar a dúvida para reencontrar a sua zona de conforto". Felizmente, conseguimos quase sempre descobrir a manipulação e o manipulador acaba por ser desmascarado. É o que acontece quando as pessoas, ainda que não todas, partilham as suas experiências com terceiros. Em casos extremos, os *media* retratam o sucedido e milhares, senão milhões de pessoas ficam a par do sucedido, podendo assim evitar incorrer nos mesmos erros.

A manipulação não funciona a longo prazo porque não é possível manter uma relação de confiança com o manipulador. As desilusões acabam por vir à superfície e as incongruências detectadas e ajustadas, resultando muitas vezes em processos judiciais. Os manipuladores têm, então, de encontrar um alvo que não questione o seu discurso ou reputação, de forma a não perderem a sua credibilidade. Infelizmente, há muitas pessoas que se deixam manipular novamente porque o que obtêm em troca é mais valioso do que o incómodo de se saberem manipuladas. No fundo, o padrão mantém-se, mas com uma diferença: o rácio do potencial de risco/recompensa supera o espírito crítico neste tema.

Vou agora mostrar-lhe como funciona o processo de manipulação para que tenha em seu poder todos os elementos necessários à sua análise. Quero que saiba que não aprovo a manipulação sob qualquer forma; contudo, creio que é importante saber como esta funciona para não se transformar numa vítima nem vir a manipular terceiros inconscientemente e sem princípios éticos.

Como manipular:

1. Observe atentamente a audiência; tente perceber quem está à procura de alguma coisa, quem procura respostas ou salvação e que possa parecer confiante – ainda que na aparência – ou inseguro.
2. Teste os seus conhecimentos e motivações; tente saber o quão interessados estão em si e no tema que vai abordar. Faça muitas perguntas, leve-os a abrir o jogo, a mostrar o que sabem de facto sobre o assunto e dê-lhes algumas informações que possam ser questionadas ou refutadas, embora estejam correctas. Transmita essa informação num tom firme e confiante. Mostre que é perito na matéria.
3. Utilize o senso comum e as generalidades habitualmente associadas ao tema, e leve a audiência a dar-lhe razão.
4. Construa uma relação, crie confiança, seja amistoso e aprofunde o relacionamento.
5. Faça-os verbalizar o seu desejo e motivações. Coloque-lhes uma situação futura em que venham a beneficiar dos seus conselhos.
6. Ajude-os a perceber que lhes está a proporcionar uma excelente oportunidade, mas faça-o subtilmente. Consolide o desejo emocional que se criou em torno da ideia por si apresentada, deixando claro que essa oportunidade não durará para sempre. Se possível,

retire-lhes essa oportunidade, invocando razões e circunstâncias plausíveis; dê-lhes uma última oportunidade para alcançarem o que lhes propôs, esclarecendo que, para isso, têm de tomar uma decisão nesse preciso momento.
7. Reforce novamente a relação antes de partirem.
8. Se entrarem em confronto consigo, atribua as culpas a terceiros. Culpe o chefe, fale da sua avó, que se encontra extremamente doente, e explique que não está nos seus dias por não conseguir afastar o pensamento de todos os problemas que ela lhe traz e que tem de resolver. Pergunte se já passaram por uma situação semelhante, peça o seu conselho ou apoio; fomente a proximidade.
9. Prossiga até estarem totalmente comprometidos ou até deixarem de o interpelar. Se houver compromisso da sua parte, deixe-os entrar no círculo dos mais íntimos, no grupo exclusivo dos eleitos; deixe-os aceder à informação ou às actividades a que mais ninguém tem acesso. Ajude-os em pequenas coisas para fomentar a confiança que já têm em si e proporcione-lhes novas oportunidades para que possam fazer o que quer que eles façam.

Resumo

- A intenção é o único elemento que distingue a manipulação da persuasão.
- A manipulação está *interiormente* focalizada nos resultados que quem manipula pretende alcançar. A persuasão está *externamente* centrada no desenvolvimento de resultados favoráveis para todas as partes envolvidas, de forma a responder às suas necessidades.
- Os quatro elementos fundamentais para a manipulação ou para se ser manipulado são: a procura de uma solução, o sentido do tempo, o potencial de perda e a autoridade benevolente.
- A manipulação só é eficaz no curto prazo pelo facto de o manipulador e de as técnicas manipulativas serem, mais tarde ou mais cedo, denunciados por um observador exterior ou pelo pensamento crítico.
- A manipulação é quase sempre inapropriada na maioria das situações, especialmente no contexto empresarial e nas vendas. Deve evitar a manipulação se quer resultados positivos e ter uma longa carreira.

- Tenha em mente que a manipulação a curto prazo nunca resulta em êxito a longo prazo no que respeita a influenciar os outros. O mundo é demasiado pequeno, pelo que quem manipula acaba sempre por ser descoberto.

Pergunte a si próprio:

- Qual é a minha intenção quando decido persuadir?
- Se fui manipulado, que exemplos da minha vida pessoal poderei analisar com espírito crítico?
- Existirão outras diferenças (ou justificações), entre persuasão e manipulação?

(2)
Persuasão

Neste capítulo irá aprender:
- a entender melhor a fronteira entre persuasão e manipulação

> *Quando digo a verdade não o faço para persuadir aqueles que a desconhecem, faço-o para defender aqueles que a conhecem.*
>
> William Blake

Este capítulo sobre a persuasão é relativamente curto, pois pretende apenas ser uma espécie de prolongamento do capítulo anterior e uma introdução ao resto do livro, que trata da persuasão e de como esta funciona. Neste capítulo procurarei assinalar as diferenças que existem entre persuasão e manipulação, sendo que estas são essencialmente de natureza interna. Tem de tomar uma decisão antes de convencer os outros sobre o que quer que seja, tem de estar certo do que faz, se é sensato, ético, legal e moral. Se as suas respostas são negativas a um destes critérios, é melhor não continuar.

A persuasão pode ser extremamente bela – quando bem feita. É como assistir a um *ballet* magnificamente coreografado. Todas as partes do processo são únicas, embora por necessidade sejam parte de todas as outras.

A persuasão é tão próxima da manipulação que as pessoas têm dificuldade em destrinçá-las. É preciso "accionar" a maioria dos elementos que constituem a manipulação para que a persuasão possa ter lugar, na medida em que a intenção do persuasor é o que, de facto, faz a diferença.

No primeiro capítulo invoquei uma má experiência – a compra de um carro em segunda mão –, apesar de praticamente todos nós já termos tido uma boa experiência no que à compra de carro diz respeito. Neste caso, quem lhe vendeu o carro estava genuinamente interessado em ajudá-lo a obter o que pretendia, da mesma forma que o comprador procurava satisfazer as suas necessidades.

Mais à frente, estudaremos a Equação da Persuasão, que visa explicar como se podem interligar, coerente e consistentemente, todos os elementos da persuasão para que o resultado seja previsível sempre que define as suas metas.

A persuasão é uma arte experimental, uma dança cuidadosamente orquestrada, que o envolve a si e à pessoa que pretende persuadir. Essa mesma orquestração implica compreender os verdadeiros desejos e necessidades da pessoa que vai persuadir, implica perceber os critérios que a levam a agir e, por último, implica facultar informação coerente com os desejos por ela expressos.

> Os manipuladores despendem muito tempo a criar uma fachada, enquanto os persuasores constroem uma identidade, esculpindo uma parte de si próprios para poderem interagir com terceiros a partir de uma posição de poder e de influência.

Uma pessoa persuasiva aceita-se como é. Desenvolve activa e conscientemente o que pode para obter mais daquilo que pretende, rápida e eticamente, em toda e qualquer situação.

Os melhores persuasores são pessoas naturalmente curiosas pelo mundo que as rodeia e por aqueles com quem interagem. Gostam de saber o que move os outros. Interessam-se pelos desejos, sonhos e objectivos da pessoa que querem persuadir, e usam-nos como alavanca para ter a certeza de que estão no caminho certo, mas também para criar uma relação duradoura assente no respeito mútuo. A persuasão não passa apenas por perceber o que a outra pessoa precisa em termos físicos (produto) e emocionais, e por que precisa. Passa igualmente por lhe fornecer o produto ou serviço certo a um preço justo. Se oferecer o melhor produto ou serviço ao melhor preço, mas se este pecar por uma má apresentação ou por alguma incongruência face às reais necessidades do comprador, muito provavelmente será preterido por um produto ou preço inferiores, cuja apresentação seja mais apelativa.

A persuasão não se resume a vender, passa também por conquistar o apoio e a anuência dos outros. Passa por criar uma plataforma de entendimento entre duas ou mais pessoas através da partilha de pensamentos e convicções. A persuasão está presente em todos os aspectos da vida, desde o que toma ao pequeno almoço a quem lho prepara todas as manhãs. Quase todos os aspectos da nossa vida implicam persuadir alguém (bem como deixar-nos persuadir) a fazer o que nós queremos que faça para obtermos ainda mais daquilo que realmente queremos.

A persuasão é uma arte que evolui através da prática. Ninguém nasce um persuasor exímio (embora no momento em que escrevo a minha filha de dez meses me tenha persuadido a suspender a frase para lhe dar o que ela quereria sem que tenha dito uma única palavra). Para ser um bom persuasor tem de despender tempo a compreender o que leva os outros a tomarem as decisões que tomam. Felizmente, quando chegar ao fim deste livro já terá aprendido tudo o que precisa de aprender para ser um persuasor eficaz em todas as situações. Porém, não basta ler este livro. Tem de se autoanalisar, bem como de analisar o seu actual processo de persuasão, para determinar quais os aspectos que podem ser melhorados. Tem ainda de definir em que ponto do processo irá aplicar cada um dos princípios que vai agora aprender. Por último, precisa de ganhar prática. Precisa de testar a inserção de certas técnicas ou ideias no seu actual processo de apresentação e de estudar os resultados para usá-las com maior eficácia e, assim, obter melhores resultados no mais curto espaço de tempo possível.

Resumo

- A persuasão visa criar uma plataforma de entendimento entre duas ou mais pessoas através da partilha de referências e crenças.
- A fronteira entre persuasão e manipulação é extremamente ténue e reside, essencialmente, nas intenções.
- A conotação é igualmente importante na forma como se interpretam a persuasão e a manipulação. A primeira tem, por norma, uma conotação positiva e a segunda uma conotação negativa.

Pergunte a si próprio:

- Quais são as minhas crenças pessoais face a uma situação persuasiva e a uma situação manipulativa?
- Até que ponto as minhas crenças sobre ambas as situações me foram favoráveis ou desfavoráveis?
- Como posso desenvolver a curiosidade pelo mundo que me rodeia e desafiar as minhas convicções para alargar a base de conhecimento e experiência na qual vou buscar os meus argumentos persuasivos?

(3)
Identidade – O Persuasor Invisível

Neste capítulo irá aprender:
- a potencializar as três áreas da sua identidade
- a vestir-se e apresentar-se da melhor forma
- como saber colocar a voz de forma a comunicar melhor

> *A minha identidade profissional nunca perde o controlo da situação, está constantemente a vigiar-me.*
>
> Agnetha Fältskog*

A persuasão é como construir uma casa. A sua identidade, que é no fundo você próprio, quem os outros vêem e com quem interagem, equivale às fundações e às paredes de uma casa. Cabe à identidade dar-lhe estrutura e apoio na persuasão, assegurando também os restantes elementos que lhe irão conferir beleza, torná-la desejável, calorosa e segura.

Se quer que a sua identidade seja persuasiva deve, antes de mais, desenvolvê-la para poder sustentar plenamente a sua mensagem. Tem de olhar para ela, analisá-la e deixá-la actuar. Se não houver harmonia entre a mensagem e a identidade, aqueles que pretende persuadir poderão ajuizá-lo mal.

Estudos recentes revelam que as pessoas tomam decisões quase instantaneamente. Não precisam de muita informação para analisarem o que vêem e para tomarem uma decisão. Malcom Gladwell, autor de uma obra extraordinária sobre a forma como pensamos, *Blink***, descreve em pormenor como os peritos em arte conseguem detectar falsificações em escassos segundos. Ou seja, muito antes de poderem explicar de forma inequívoca que se trata de uma falsificação, analisam a informação disponível e tomam uma decisão. O mesmo princípio que nos permite, a si e a mim, decidir num abrir e fechar de olhos se a outra pessoa é, ou não, honesta, se sabe do que está a falar e se é bem intencionada.

Deve focalizar-se em três aspectos da sua identidade e desenvolvê-los para poder persuadir os outros ao mais alto nível:

1. Aparência
2. Voz e competências de comunicação
3. Presença

A identidade não significa desenvolver uma fachada ou uma máscara para persuadir. Significa, sim, desenvolver todo um conjunto de

---

** **N.T.** Do antigo grupo sueco Abba.
** **N.T.** Editado pela Little, Brown, 2005.

competências positivas que, mais tarde, irão fazer parte da sua personalidade. Pode aplicar essas competências mais ou menos no dia-a-dia, mas irá usá-las plenamente quando quiser persuadir. À medida que aperfeiçoar as competências e se tornar mais apto, estas rapidamente se transformarão numa parte inconsciente do seu eu, que usará automaticamente quando necessário.

Aparência

Os outros julgam-no pela aparência. Diversos estudos provam que os homens altos têm uma taxa de sucesso superior à dos homens baixos no que toca a entrevistas de emprego e encontros com o sexo oposto. As pessoas atraentes têm mais possibilidades de ser contratadas do que as menos atraentes, ainda que possuam as mesmas qualificações. Foi publicado no *Psychological Bulletin* da Associação Americana de Psicologia um estudo aprofundado sobre o poder de atracção, intitulado *A Beleza é importante, mas...: Estudo meta-analítico das pesquisas sobre o estereótipo da atracção física*, da autoria de Alice H. Eagly, Richard D. Ashmore, Mona G. Makhijani e Laura C. Longo. Trata-se de um estudo extremamente interessante, muito útil para quem queira estudar a fundo a persuasão.

E por muito injusto que possa parecer, é um simples facto da vida. É natural o ser humano julgar os outros com base em critérios distintos e o poder de atracção é um deles. Importa saber, porém, se a sua actual aparência pode, a qualquer momento, transformar-se num ponto a seu favor. Mas, para isso, terá de fazer um grande e consciente esforço.

Deve avaliar, neste preciso instante, a sua aparência – drástica e honestamente. Faça algumas perguntas a si próprio e responda com honestidade. Estas perguntas aplicam-se a homens e mulheres. Nos últimos 12 meses:

- Analisou o seu penteado?
- Examinou o seu guarda-roupa em busca de sinais de uso?
- Aumentou ou perdeu mais de quatro quilos?
- Substituiu camisas ou blusas que tem por hábito usar duas ou mais vezes por mês?

- Usou regularmente os serviços de um engraxador?
- Analisou a sua roupa em termos de estilo e corte para ver se está na moda ou se é adequada às suas funções?
- Observou atentamente o seu rosto, nuca e ouvidos a fim de detectar sinais de velhice, manchas provocadas pelo sol ou cabelos rebeldes que precisem de ser aparados?
- Se é homem: escolheu um corte de cabelo adequado?
- Se é mulher: analisou cuidadosamente o tom e o estilo do seu cabelo para que se adeque à sua idade ou lhe dê até um ar um pouco mais jovem?
- Examinou a sua roupa, pondo de lado as peças com buracos, puídas ou muito usadas?
- Desfez-se das peças de roupa que não usa há mais de um ano? (Se não o fez, não é provável que alguma vez venha a usá-las; porque possivelmente estão fora de moda ou são pouco adequadas).
- Observou o aspecto das suas mãos e unhas?

Pode parecer-lhe uma lista simplista e inútil, porém não deve esquecer que todos aqueles que pretende persuadir irão analisar tudo o que lhe diz respeito. Não são as coisas mais óbvias que dificultam a persuasão. Por exemplo, se mentir e for desmascarado, acabou-se. O que os outros vão detectar inconscientemente são os pormenores menos óbvios, aqueles a que não damos particular atenção e que tanto dificultam a persuasão. Os outros têm expectativas interiores, e cartografaram-nas, pelo que quando se apercebem de alguma incongruência entre as informações que lhes dá e as que esperam obter, hesitam ou desligam por completo.

Temos por hábito avaliar inconsciente e sistematicamente centenas de informações em simultâneo, tomando decisões que vão além da análise feita pela nossa consciência. E só aquelas que forem surpreendentes ou extremamente incoerentes merecerão a nossa atenção consciente. A análise dos restantes elementos e as decisões tomadas terão por base conhecimentos já adquiridos. É por isso que ficamos irritados com situações em que algo não bate certo, embora não saibamos muito bem o que está errado. Por vezes, chamamos-lhe intuição. Na realidade, trata-se de um complexo processo subconsciente que nos permite tomar dezenas de decisões ao mesmo tempo. Para persuadirmos eficazmente temos de ter muito cuidado com as informações que transmitimos, para conseguirmos que a mensagem seja aceite por esses padrões internos, os mesmos que determinam se é uma pessoa inteligente e de confiança. O objectivo é pôr a audiência a pensar: "Seria bom manter esta interacção".

Todos nós criamos expectativas sobre a aparência dos outros, da forma como devem agir e do tom que devem adoptar nas mais variadas situações com que são confrontados. Vamos supor que o seu médico é também agricultor e que chegava ao consultório de botas enlameadas, calças de ganga e boné de basebol, e lhe dizia que tinha um cancro, e que juntos iriam encontrar o tratamento mais adequado. Até que ponto seria credível? Haveria empatia? Avaliaria conscientemente a sua atitude? Aceitaria, ou não, os seus conselhos? É certo que dependeria da relação que já estabelecera com ele mas, mesmo que fosse perfeita, o seu comportamento e identidade colidiriam sempre com os seus padrões internos, que definem o comportamento e a aparência que um médico deve ter.

Se proceder a uma autoanálise com base na lista acima indicada saberá como os outros o vêem. E analisada a sua aparência, rapidamente poderá alterar os aspectos que precisam de ser melhorados para corresponder à imagem mental que os seus clientes ou potenciais clientes e parceiros têm de si.

Vestuário persuasor

É interessante observar como as opiniões divergem sobre o que deve vestir para interagir com os seus clientes. Muitos executivos com quem falei disseram que não gostam que os seus colaboradores se vistam melhor do que os clientes ou potenciais clientes. Outros consideram que usar fato, ou pelo menos um *blazer*, é o mais apropriado. Outros ainda alegam que um uniforme (camisa com logótipo da empresa e calças largas) é sempre uma indumentária apropriada. Um executivo chegou a dizer-me que se usasse roupa menos elegante que a dos seus clientes os faria sentir mais prósperos, levando-os a pensar que, afinal, não gastava todo o seu dinheiro em roupa. Errado! O vestuário serve o objectivo de afirmar a sua posição e de chamar a atenção para si, e não para a roupa que veste propriamente dita.

Uma das maiores vantagens do vestuário persuasor, e que tantas vezes esquecemos, é que nos faz sentir bem. É normal que se sinta física e emocionalmente diferente quando usa determinadas peças de roupa. Mas se vestir um fato que lhe cai bem, sentir-se-á óptimo, preparado e capaz. Certas pessoas sentem-se desconfortáveis por não estarem habituadas a vestir-se com esmero. É por isso que devem vestir-se melhor frequentemente para se habituarem a esta sensação e poderem integrá-la de forma coerente no seu eu.

Em última análise, eis o que deve fazer para persuadir eficazmente: use roupa adequada ao seu cargo ou vista-se tão bem como o seu cliente ou até de modo ligeiramente mais elegante. E que significa ligeiramente mais elegante? Se o cliente optar por um estilo menos formal, o chamado *business casual* (regra geral, todos os consultores de imagem com quem falei sublinharam que os *jeans* não são "business casual"), combinado com um *blazer* e gravata, então, pode perfeitamente mostrar-se um pouco mais elegante. Ou então, adicionar um terceiro elemento ao estilo *business casual*, que tanto pode ser uma camisola ou um casaco, para os homens, como um lenço ou uma camisola leve para as mulheres. A ideia não é parecer incongruente, mas demarcar-se discretamente para as atenções recaírem sobre si.

O vestuário deve ainda estar de acordo com o ambiente onde trabalha. Se vende fertilizantes numa quinta e se vai ao terreno do agricultor analisar o respectivo solo, não faz qualquer sentido aparecer de fato. Apenas poria em causa a sua credibilidade e conhecimento, como aconteceu com o médico no exemplo anterior.

Vestir bem como o seu cliente quer dizer que as roupas devem obedecer a um certo estilo, estar limpas, engomadas e na moda. Mas há aspectos intocáveis: os sapatos devem estar devidamente engraxados, as unhas limpas e cuidadas, a roupa impecavelmente engomada e usar um penteado actual, tal como o corte. Se tiver de usar uma camisa da empresa, ou outro tipo de uniforme, é fundamental que esteja limpo e engomado. Se o seu trabalho implica longas horas de carro e se é obrigado a usar um uniforme, é muito natural que este esteja bastante amarrotado a meio do dia. Experimente trocar de camisa entre as visitas aos clientes para ter sempre um bom ar.

É importante que a roupa lhe caia bem, para poder disfarçar defeitos ou imperfeições físicas, e que o faça sentir bem, pois tudo isso vai reforçar a sua autoconfiança. Se perdeu ou ganhou mais de quatro quilos é muito possível que tenha de renovar o guarda-roupa. Agora, pense no seguinte: acha que um cliente alguma vez compraria um produto danificado ou de aspecto duvidoso sem questionar a sua qualidade ou validade? Se a resposta for "não", não pode pedir-lhe que o "compre" a si quando a sua imagem deixa muito a desejar.

Embora haja inúmeros guias sobre o que se deve vestir, nenhum aborda verdadeiramente o facto de a roupa poder influenciar a nossa postura, dando-nos autoridade ou tornando-nos persuasivos. Recentemente,

3 | Identidade – O Persusor Invisível

conheci Judith Rasband, CEO do Conselle Institute of Image Management em Provo, no estado de Utah, que me apresentou uma solução para este mesmo problema. Rasband desenvolveu uma Escala do Estilo para as pessoas poderem, rápida e facilmente, perceber que imagem o seu guarda-roupa transmite ou que mensagem pretendem fazer passar através dele. A imagem pode ser classificada numa escala de 0 a 4, sendo que 0 corresponde a fraca autoridade e 4 a forte autoridade. Ora a autoridade casa muito bem com a persuasão. Por exemplo, no nível 4, forte autoridade, os homens devem usar fato, camisa e gravata. E quanto maior for o contraste entre o fato e a camisa (fato preto/camisa branca), mais este vai realçar as linhas angulares, conferindo-lhe um aspecto de maior autoridade. No caso das mulheres, o nível 4 equivale a um *tailleur* de saia ou calças, e blusa; vestido e casaco. O nível 3, no caso dos homens, corresponde a calças e casaco desportivo com camisa e gravata. No caso das mulheres, a saia ou calças com casaco desportivo e blusa. O nível 2, para elas, inclui saia e blusa de colarinho combinadas com casaco de malha ou camisola; saia e blusa de colarinho ou pólo; ou calças e blusa de colarinho. Para eles, calças, camisa de colarinho e gravata, combinados com camisola ou casaco. Por último, o nível 1 para eles inclui *jeans* e *t-shirt*, calções e *t-shirt* ou camisa de manga curta; e para elas, *jeans* e *t-shirt*, *tops* sem manga, calções e vestidos. Os níveis 3 e 4 são os mais adequados a ambientes persuasivos. O nível 1 dificilmente será apropriado, a não ser que o objectivo seja convencer o seu vizinho a ajudá-lo na mudança de casa!

Eis mais algumas sugestões para realçar a sua imagem:

- As meias devem combinar com a restante roupa ou ser ligeiramente mais escuras do que as calças.
- Barba e bigode são aceitáveis para os homens, desde que impecavelmente aparados.
- O corte de cabelo deve ser elegante e cuidado, tanto para homens como para mulheres.
- Não exagere nas jóias; estas são um complemento, logo, nunca devem sobrepor-se.
- Os fatos não têm de ser limpos de cada vez que os veste. Coloque--os nas costas de uma cadeira para respirarem um pouco antes de os arrumar; se o fato não ostentar nódoas nem tiver odores, só terá de engomá-lo regularmente e limpá-lo duas a três vezes por ano.
- Toda a roupa deve ser impecável e regularmente engomada.

- Os homens devem combinar cinto e sapatos.
- Quando comprar roupa dos níveis 3 e 4, aposte em peças de qualidade, vá até onde a sua bolsa o permitir; não só o favorecem como duram mais.
- Deve proceder a arranjos, se necessário, da roupa dos níveis 3 e 4, para lhe assentar na perfeição.

Uma pergunta frequente é: devo usar roupa feita por medida ou *prêt-à-porter*? Cabe-lhe a si escolher, pois a maioria não dará pela diferença. Falei com Steve Reeder, da Tom James Inc., um dos maiores fabricantes norte-americanos de *prêt-à-porter* e de roupa feita por medida, que me disse o seguinte: "Homens e mulheres só têm a ganhar se usarem camisas feitas por medida. Agora, se não tiver dificuldade em encontrar um fato que lhe fique bem nem for daquelas pessoas que só gostam de roupa por medida, pode perfeitamente optar por peças *prêt-à-porter* que, depois de ajustadas, lhe ficarão lindamente. E têm outra vantagem: são muito mais baratas". O segredo está em arranjar um bom alfaiate ou costureira e em comprar peças de qualidade que possam ser ajustadas para lhe assentarem na perfeição.

Voz e competências de comunicação

Não se esqueça de que é analisado logo da primeira vez que o vêem. As decisões dessa análise saem reforçadas ou são postas em causa no preciso momento em que começar a falar. Se não se tratar de um encontro face a face, a sua voz e competências de comunicação serão os primeiros indícios que a outra pessoa irá analisar. Não tem de ter uma voz radiofónica nem uma figura telegénica para ser bem sucedido, mas tem de saber usar a sua voz e linguagem corporal para veicular uma mensagem credível e vigorosa. A sua capacidade de comunicação deve reforçar tudo aquilo que disser.

No que respeita à voz, lembre-se de que a ideia que tem dela não é a mesma que os outros têm. Ouve-a interiormente, não externamente. Por isso, sugiro que grave a sua voz para ver como é. Também sei o que me vai dizer, feita a experiência: "Não acho que tenha uma voz por aí além". Não há nada de mal com a sua voz, como seria de esperar, mas tem de aprender a optimizá-la para criar o máximo impacto possível. Durante o estudo deste tópico, falei com um dos mais conceituados especialistas em voz/dicção dos EUA, Susan Berkley. Se lhe disser que é uma das vozes da AT&T – "Obrigada por preferir a AT&T" – verá logo quem é. Mas, além disso, é autora de *Speak to Influence – How to Unlock the Hidden Power of Your Voice*. Susan refere que o erro comum à maioria das pessoas é não projectarem a voz, dando a impressão de que não usam a sua máscara facial. Ora a máscara facial é composta pela boca, pelos lábios e pela zona que circunda o nariz. Se cantarolar de lábios fechados descobrirá mais facilmente a sua máscara facial. Quando o fizer, esteja atento para perceber em que zona do rosto sente a vibração – esse ponto é a sua máscara facial. Para melhorar a forma como comunica, experimente cantarolar entredentes uma canção que conheça bem. Depois dê corpo às palavras, pronuncie-as bem e procure dar-lhes a mesma entoação que deu ao cantarolar, repetindo tal e qual a expressão facial. O objectivo não é desenvolver uma voz radiofónica – só quem trabalhe em locução e *voz-off* terá esse traquejo – ou afim, pois pode inclusive ser prejudicial. O objectivo é maximizar o impacto da sua voz natural. Pode ainda fazer outros exercícios para melhorar a qualidade da sua voz. E, por muito vulgar que esta possa ser, todos os peritos com quem falei são unânimes: sorrir enquanto fala melhora substancialmente a qualidade e o tom da sua voz.

O ritmo da fala pode determinar o grau de persuasão. E sempre que altera o ritmo e a intensidade torna-se mais agradável e interessante ouvi-lo. Se falar muito lentamente ou demasiado depressa não conseguirá captar a atenção da maioria do público. Quem fala muito devagar é visto como inseguro ou pouco inteligente, enquanto quem fala em rajadas é frequentemente considerado disperso e tenso. Trata-se de duas imagens, ou generalidades, muitas vezes injustas e arbitrárias. Mas é isto que acontece, é assim que a sociedade funciona. Daí a importância de saber a impressão que a sua voz provoca nos outros. Peça a colegas, nunca a familiares, para opinarem sobre a sua voz com sentido crítico. Se sentir que há muitos pormenores a corrigir, ou se apenas quiser melhorar a sua voz no geral sugiro vivamente que recorra a um professor. Qualquer um fará progressos em meia dúzia de aulas.

Para persuadir mais eficazmente, é importante introduzir variantes na sua voz. Quase todos nós já ouvimos alguém falar num tom monótono e monocórdico, sem emoção nem vida. Se for esse o seu caso, vai fazer com que as pessoas se focalizem na sua voz e dicção, e não na mensagem que pretende transmitir. O papel da voz no acto de persuasão passa, antes de mais, por tornar a mensagem expressiva, acessível e estimulante. O interlocutor ou a audiência devem focalizar-se na mensagem e não na voz.

Recorde por momentos os grandes oradores que teve o prazer de ouvir (um orador estimulante, um ministro ou um actor, por exemplo). Todos eles introduzem regularmente *nuances* no discurso para dar mais impacto à sua mensagem. Mais, acentuam ou realçam uma ideia ou pensamento, alterando o tom ou o ritmo. Os bons oradores também utilizam as pausas para dar mais ênfase ao seu discurso. Quando querem que interiorize ou pondere um dado aspecto, fazem uma pausa antes de avançar para o tópico seguinte. As pausas são persuasivas e constituem uma pista subconsciente para o ouvinte, alertando-o para a importância do que foi dito ou para a introdução de uma nova temática.

Os padrões de discurso dos bons oradores são coerentes e coesos. Além disso, têm o cuidado de eliminar interjeições como "e", "hum", "portanto", e muitas outras expressões supérfluas com que pontuamos o nosso discurso no dia-a-dia, quando o mais indicado seria uma pausa – a qual reforçaria o impacto e a eficácia da mensagem. Procure desenvolver um padrão ou ritmo no seu discurso, como se de um compasso musical se tratasse ou, então, adapte-se ao ritmo, tom e velocidade do discurso do seu interlocutor. Pouco importa o estilo, o truque está em saber o que quer dizer antes de o fazer para poder transmitir convicção. O seu padrão natural de persuasão virá à tona quando perceber que já não está a captar a atenção da outra pessoa.

Por exemplo, se lhe pedir para me falar sobre o seu trabalho, é natural que faça dele uma descrição detalhada. A história deve fluir do princípio ao fim e a inflexão da voz deve ser a adequada. Mas se lhe pedir para descrever um parto – e não for obstetra – terá certamente alguma dificuldade em fazê-lo. Pode até saber alguma coisa sobre o assunto, mas nunca conseguiria ordenar as suas ideias de forma a produzir um discurso persuasivo. Ou seja, teria um discurso irregular, ficaria tenso, sentiria a boca a ficar cada vez mais seca e o tom denunciaria as suas dúvidas e incertezas, o que seria facilmente detectado por quem estivesse a ouvi-lo.

Mas há ocasiões em que é preciso convencer ou persuadir alguém sobre uma coisa para a qual não estamos preparados. Por exemplo, entra numa nova empresa e é incumbido de reunir material para um leilão, que terá lugar durante um jantar de angariação de fundos e que funcionará mediante propostas em carta fechada. Junta o que sabe sobre o grupo que promove o leilão àquilo que lhe foi dito e deita mãos à obra. Quando os dados são escassos, o melhor que tem a fazer é repetir em voz alta, e por diversas vezes, o que tenciona dizer aos seus interlocutores. Analise bem o teor do seu discurso. Onde falha mais vezes? Onde faz pausas? Onde hesita? Depois, concentre-se nestes aspectos. Abrande, respire fundo e fale claramente sobre os aspectos em que hesitou anteriormente. Recomece novamente uma e outra vez. Se for confrontado com a situação, reveja mentalmente o que pretende dizer antes de fazer a apresentação. Se ponderou no que vai dizer, então, a sua voz soará mais clara e convincente. Exactamente o oposto do improviso. Por norma, percebe-se facilmente quando alguém improvisa – basta prestar atenção ao ritmo e ao tom de voz sem ouvir uma única palavra.

Quer melhorar o seu ritmo? Ouça áudio-livros e esteja particularmente atento à forma como o leitor lê a história, ou ouça um CD de poesia. Uns e outros ilustram o ritmo que deve imprimir à comunicação. Se tiver oportunidade de ouvir um contador de histórias, vai ver que essa experiência pode igualmente ajudá-lo a desenvolver a sua comunicação oral. Por último, pode ainda debruçar-se sobre o trabalho de actores e respectivas técnicas para tornar credíveis as suas personagens. Preste atenção à forma como falam e exteriorizam as emoções, bem como ao uso das pausas, que acentuam a ênfase e o impacto de um dado momento ou emoção.

A voz está intimamente ligada à apresentação. A forma como apresenta serve de barómetro ao seu grau de persuasão, pelo que é fundamental ter aulas de dicção – seja para se dirigir a uma audiência seja apenas para exercer influência pelo telefone. O programa mais acessível e economicamente rendível dá pelo nome *Toastmasters**. É igualmente excelente porque lhe permite ter *feedback* de outras pessoas na mesma situação. Outra das vantagens do *Toastmasters* é poder testar novos materiais e receber *feedback* sobre o conteúdo e a exposição que pretende fazer antes de apresentá-la em público.

As técnicas de expressão e comunicação ajudam-no a definir o formato da sua apresentação, quer esta implique o uso de gráficos e se

---

* **N.T.** www.toastmasters.org

dirija a uma vasta audiência, quer tenha por alvo pequenos grupos ou uma exposição face a face. As técnicas de expressão e comunicação não só potenciam as suas qualidades de orador, como o ajudam a criar uma metodologia que lhe permite transmitir a sua mensagem com sucesso.

> Os persuasores mais eficazes conseguem transmitir a sua mensagem de forma clara e concisa, organizada e inteligível a qualquer tipo de público ou interlocutor.

Quando escrevia este livro constatei que o presidente norte-americano George W. Bush deveria ter um discurso mais sofisticado e persuasivo, independentemente das conotações políticas, dada a sua qualidade de figura pública. É, sem dúvida, uma pessoa bem formada e o líder mundial mais poderoso; todavia, as fracas competências de comunicação que marcaram a campanha eleitoral e o seu primeiro mandato continuarão a ensombrar o segundo mandato agora em curso. Compare o estilo de Bush ao de Bill Clinton, um orador sofisticado e desenvolto. Clinton conseguia imprimir à sua mensagem um tom genuíno, honesto e atencioso, pelo que mesmo nos momentos mais difíceis conseguiu ter o povo norte-americano do seu lado. Estou certo de que George W. Bush se rodeou de muitos profissionais empenhados em melhorar a sua postura e discurso. De facto, bastariam algumas mudanças muito ténues para torná-lo mais credível e eficaz.

Existem alguns aspectos-chave que deve ter presentes antes de fazer uma apresentação, uma vez que complementam a sua identidade e o tornam instantaneamente mais persuasivo.

- Olhe sempre para o seu interlocutor. No caso de um grupo, olhe para diferentes pessoas ao longo da apresentação.
- Tente fazer uma exposição interactiva, levando o interlocutor ou a audiência a responder às suas perguntas.
- Pronuncie as palavras com clareza. Se uma palavra terminar numa vogal, como "ilustrado", acentue bem a terminação. Não omita nem abrevie os sons.
- Nunca se volte de costas nem olhe por cima do ombro para ler o que quer que seja. Se usar gráficos e tiver de lê-los ou virar-se para ilustrar algo, nunca se volte mais de 90 graus em relação

à audiência para poder movimentar a cabeça com naturalidade, para trás e para diante, seja em direcção ao público ou ao material que está a usar.
* Mantenha uma postura solta: não cruze os braços e evite qualquer tipo de barreira entre si e a audiência.
* Use o corpo para dar ênfase à sua mensagem. Opte, por exemplo, por movimentos amplos e abertos.

Qualquer que seja o seu público-alvo – pessoas de diferentes origens ou os cinco colaboradores que compõem a sua empresa –, tem todo o interesse em aperfeiçoar as suas competências de comunicação, bem como a sua identidade. Se, antes da apresentação, conseguir transmitir uma imagem de alguém amável, instruído e digno de confiança, ser-lhe-á mais fácil quebrar as barreiras que as pessoas erguem para se protegerem de manipuladores sem escrúpulos e de todos os que querem e precisam de as manipular para seu próprio benefício.

Presença

A presença passa, antes de mais, por agregar a sua identidade. É o pormenor final que vai pesar na avaliação instantânea que os outros fazem de si. É o seu esforço consciente para ser visto como inteligente, útil, empenhado e seguro num único olhar. É a capacidade de apresentar a sua identidade de uma forma que quem não o conheça chegue a uma conclusão lógica sobre a sua pessoa, sobre quem é... e essa conclusão lógica seja que se está perante alguém que inspira confiança, respeito e é bom conselheiro.

> Os seus modos e maneirismos são também um factor-chave no que toca à presença.

Quando pensamos na presença pensamos, muitas vezes, na postura. Ora, são duas coisas distintas. A presença tem que ver com a sua autenticidade e princípios éticos, e a forma como os utiliza para exercer poder sobre a audiência. A postura, ao invés, pode ser artificial. Ou seja, pode afastar-se da sua presença ou pode salientá-la temporariamente para ver a reacção das pessoas. Também pode passar por bajular terceiros para obter aquilo que quer.

Se na sua apresentação mantiver um discurso claro e inteligente, se for amável e se usar roupas apropriadas, estão criadas as condições para ser visto e ouvido. Bem como respeitado. Escolhi o termo *respeitado* por ser o mais adequado, pois o seu objectivo é fazer com que os outros o ouçam e tenham aquilo que diz em consideração. Se acharem que é apenas pose e que está a bajulá-los para obter alguma coisa para si, perderão por completo o interesse que lhes havia despertado. Mais tarde até poderão falar de si, mas nunca nos termos que gostaria. Se, pelo contrário, o respeitarem, a si e às suas ideias, não lhes restará outra alternativa senão reflectir e analisar o que lhes transmitiu. Devem, primeiro, avaliar a sua mensagem com alguma profundidade antes de poderem dizer se estão emocional e intelectualmente de acordo consigo para, depois, aceitarem novos dados que os persuadam e que tenderão a comparar com tudo o que fez ou disse até àquele preciso momento.

Tenha presentes os seus modos e maneirismos quando reflectir sobre a sua presença. Lembre-se das pequenas expressões que usa recorrentemente. A melhor forma de detectá-las é filmando-se. Experimente filmar duas situações distintas no trabalho: a atender chamadas e a falar com um grupo de pessoas. Observe-se atentamente, primeiro com som, depois sem som. Peça a alguém que visione as imagens consigo por breves instantes e que lhe dê uma opinião. Os pormenores que ambos detectarem são precisamente aqueles que ficarão na memória do seu interlocutor ou audiência.

Um dos aspectos a que deve prestar especial atenção são os gestos com as mãos, especialmente tiques nervosos que envolvam o rosto, como limpar a testa ou coçar-se. Use as mãos para dar ênfase à sua mensagem ou mantenha-as descontraidamente junto ao corpo. Observe igualmente o que faz quando está de pé e como anda. Deixa os ombros descair ou mantém as costas direitas e uma postura correcta? Tem tendência para se baloiçar quando fala com uma pessoa ou com um grupo? Para fazer ruídos ou qualquer outra coisa que possa desviar a atenção da sua pessoa, direccionando-a para os seus maneirismos? Se isso acontecer, corrija essa tendência. Se tem problemas com a postura, corrija-a. Melhorar a postura e a forma de andar é um processo relativamente rápido. Se não souber como fazê-lo peça a um praticante do Método Feldenkrais (ou consulte um livro sobre este Método), a um técnico de quiroprática ou de quinestesia que lhe ensine alguns exercícios corporais para melhorar o seu andar e aprender a estar de pé de uma forma estável e equilibrada.

A etiqueta é outro aspecto muitas vezes negligenciado na presença. É recorrente persuadirmos à mesa, mas muitos de nós nunca chegámos a aprender, ou esquecemos entretanto, as boas maneiras e os princípios de etiqueta. Como é óbvio, não vou dedicar um capítulo inteiro à etiqueta (existem numerosos livros sobre este assunto), mas parece-me importante enumerar os mais óbvios, por estes realçarem a sua identidade e a percepção que os outros têm de si. Para poder dar-lhe algumas sugestões úteis e actualizadas consultei Mercedes Alfaro, CEO da First Impression Management, uma empresa de gestão de imagem e etiqueta. Eis os seus conselhos:

- À mesa, o prato do pão está colocado à sua esquerda e o copo da água à direita.
- Deve colocar o guardanapo no colo quando se senta à mesa ou quando o anfitrião o fizer.
- O guardanapo deve estar dobrado para a frente e afastado do tronco.
- É um guardanapo, não um esfregão; use-o apenas para limpar a boca ou os dedos; em qualquer outra situação, dirija-se aos lavabos.
- É um guardanapo e não um lenço de assoar; nunca o use para esse efeito. Aliás, *nunca* deve assoar-se à mesa.
- Se tiver de se limpar, faça-o na casa de banho; nódoas inclusive.
- Passe o cesto do pão e condimentos antes de se servir;
- Se for o anfitrião, cabe-lhe a si pagar a conta, ponto final.
- Se pretende pagar a conta, chegue um pouco mais cedo e deixe o seu cartão de crédito com um dos empregados, explicando que é a si que deve entregar a conta no final da refeição.
- Reserva-se o melhor lugar para a pessoa mais importante – ou seja, o que tiver melhor vista.
- A pessoa que convida deve sugerir um restaurante e deve, sempre que possível, averiguar previamente as preferências do seu convidado.
- O telemóvel deve estar desligado ou no modo vibração – nunca deve atender ou fazer chamadas durante a refeição.
- Nunca use o garfo como se de um punhal se tratasse, com os dentes espetados para cima. Ao usá-lo, mantenha-o discretamente

entre o polegar e o indicador. Quando fechar a mão e voltar a palma para baixo, o cabo do garfo deverá ficar sob a ponta do indicador.
- A faca não deve ser usada como uma serra. Faça movimentos lentos, puxando o cabo para si. Se tiver dificuldade, peça uma faca mais afiada.
- As regras oficiais de etiqueta estipulam que não se fale de negócios até os pratos das entradas serem levantados. Ora isto pode ser muito pouco prático, na medida em que se dispõe de tempo limitado, em particular ao almoço.
- Mandam as regras que se fale de outras questões que não de negócios durante cerca de um terço da refeição, um terço a discutir negócios e o terço final de novo sobre questões que nada tenham que ver com negócios. No final da refeição, relembre o que cada uma das partes ficou de fazer.
- Desenvolva um aperto de mão firme. O padrão é palma com palma, polegar com polegar, enquanto os restantes dedos apertam a mão da outra pessoa. Aperte com firmeza duas ou três vezes. Isto aplica-se tanto a homens como a mulheres.
- Embora seja um gesto cavalheiresco levantar-se quando uma mulher chega ou se retira da mesa, não é obrigatório fazê-lo, especialmente num ambiente empresarial.
- Se houver algum problema com a conta ou a comida, não aborde a questão à mesa. Levante-se discretamente e resolva o assunto com o chefe de mesa ou o gerente.
- Lembre-se de que nem toda a gente tem boas maneiras ou conhece os princípios de etiqueta, mas que se consegue quase sempre identificá-los.

Uma identidade persuasiva consiste, antes de mais, nas pequenas coisas que podem reforçar o seu sucesso – raramente se prende com grandes coisas. Ao desenvolver a sua identidade irá também desenvolver o poder que exerce sobre a audiência, orientando-a para chegar às conclusões a que quer que chegue e levando-a a confiar em si, a respeitá-lo, a valorizá-lo e a enaltecê-lo antes de proferir uma única palavra. Seduza-os através da sua identidade, encante-os com a sua profundidade e perfeição. Se conseguir que o público queira igualar a sua identidade ou rivalizar com ela, isso significa que fez um excelente trabalho.

Resumo

- A identidade é o persuasor invisível, aquele que vai além da avaliação consciente para ajudar a tomar decisões instantâneas e em seu favor.
- Deve focalizar-se em três áreas essenciais da identidade para optimizar o seu sucesso: aparência, colocação de voz e competências de comunicação, e presença.
- Use a voz para ampliar o seu poder, use a máscara facial para projectá-la e as inflexões para realçar os aspectos mais importantes da sua mensagem, tornando-a mais interessante.
- As roupas dos níveis 3 ou 4 são as mais apropriadas em termos de persuasão num contexto empresarial. Observe-se regularmente ao espelho e assegure-se de que a roupa escolhida e a aparência são consistentes com a imagem que quer transmitir.
- Esteja atento aos seus modos e maneirismos para que a sofisticação seja a característica que verdadeiramente o distingue dos seus rivais.
- Transmita sucesso àqueles que lhe são mais caros, ou seja, àqueles que tenciona persuadir.
- Lembre-se de que os outros o analisam no momento em que o vêem, isto é, antes de lhes dirigir a palavra. A identidade deve, assim, potenciar o seu poder de influência.

Pergunte a si próprio:

- Analisei-me honestamente quando revi as listas deste capítulo?
- Que imagem transmitem hoje a minha aparência, voz e presença?
- Que elementos da minha identidade poderei realçar no imediato e quais podem ser-me mais favoráveis?
- Dos elementos eficazes da minha identidade, quais poderão jogar a meu favor?
- Como posso melhorar o meu discurso e dicção para falar de uma forma mais profissional e sofisticada?
- Como posso convencer-me de que a minha identidade é vital para uma persuasão de sucesso?

(4)
Transferência de Poder e Credibilidade

Neste capítulo irá aprender:
- a perceber como se processa a transferência de poder e credibilidade
- a saber dar para receber de volta
- a reconhecer quem necessita do seu poder e influência

> *Toda a credibilidade, toda a consciência, todas as provas que atestam a verdade provêm dos nossos sentidos.*
>
> Friedrich Nietzsche

As pessoas com quem se relaciona e aquelas que o apoiam têm grande influência na sua capacidade de persuasão. Quando alguém como Donald Trump aconselha um banqueiro ou um empresário da construção civil, estes raramente questionam ou contestam esses conselhos por virem de quem vêm. Além disso, também será avaliado por aqueles com quem se relaciona. Farão juízos de valor com base nos seus amigos e associados, os quais tanto podem ser favoráveis como demolidores, dependendo de quem compõe esse seu grupo de amigos e associados. Por exemplo, pode sentir-se mais inclinado a fazer negócio com alguém que é membro do Better Business Bureau ou da Câmara de Comércio simplesmente por aquilo que essas organizações representam, especialmente se não tiver experiência na área de negócio onde quer transaccionar produtos ou serviços.

Para persuadir tem, antes de mais, de desenvolver uma relação coesa com pessoas que o apoiam ou que estão ligadas a grupos e associações que possam ser relevantes para si. Olhe à sua volta. Diz-se que o valor da nossa rede de contactos pode ser calculado comparando com o valor médio da rede dos nossos amigos mais íntimos. O valor da sua rede de persuasão pode, igualmente, ser estimado em função das pessoas com quem decide associar-se. Se quiser atingir a excelência na persuasão, deve relacionar-se com pessoas e associações particularmente persuasivas, que estejam intimamente ligadas àqueles que pretende persuadir. Mas não basta fazer parte de um grupo ou ter amigos influentes. Deve cultivar o seu apoio, seja ele directo ou implícito.

Transferência de poder e credibilidade

A transferência de poder é algo que acontece diariamente nas mais diversas circunstâncias. Quando recomenda o seu barbeiro a um vizinho e este passa a frequentar a barbearia; quando quer ir ao melhor médico da cidade e pede ao seu amigo que interceda por si; ou quando procura um bom emprego e apresenta as melhores referências. Todos estes exemplos encerram uma transferência de poder, uns mais abertamente do que outros, mas em todos eles alguém defendeu terceiros, dizendo: "Podes confiar nesta pessoa porque eu assim o digo e porque confias em mim".

Quando a minha mulher estava grávida, queríamos ter o melhor obstetra/ginecologista, mas soubemos que não aceitava novas pacientes. No entanto, descobrimos que acompanhava a mulher de um grande amigo nosso, que fora mãe recentemente e era directora de campanha de um senador. Quando ela lhe disse que gostaríamos muito de tê-lo como médico, arranjou espaço para nós na sua agenda. Porquê? Porque só está disponível para um dado tipo de pacientes. E como conhece a mulher desse nosso amigo, tinha todo o prazer em incluir-nos na sua agenda. Com o pediatra aconteceu mais ou menos o mesmo.

Transferência activa de poder e credibilidade

A transferência activa de poder acontece, por regra, quando alguém solicita o apoio de outrem, ou obtém o seu aval. Esta pode ainda acontecer quando alguém que acabou de conhecer o apresenta a amigos ou colegas. Ou seja, esse alguém coloca em jogo a sua relação e credibilidade em nome da pessoa que acaba de apresentar ou apoiar.

É frequente perdermos oportunidades de transferir poder activamente porque temos medo de perguntar, mas essa simples transferência de poder e credibilidade de mim para si não só facilita a persuasão como a torna ainda mais eficaz. Pedir referências e conseguir que quem o vai referenciar o apresente pessoalmente ou por telefone, dando-lhe o seu apoio é, talvez, o exemplo que melhor se aplica ao mundo empresarial. Isso aumenta as probabilidades de a pessoa a quem foi apresentado lhe comprar a si o que precisa, devido à relação que mantém com o seu amigo, com aquele que o apoiou.

Trabalhei em tempos com uma organização sem fins lucrativos que pedia donativos porta a porta. Sugeri-lhes que alterassem ligeiramente o seu método de trabalho. Ou seja, sugeri que não se limitassem a perguntar que outros vizinhos estariam interessados em ajudar, mas que os cumprimentassem, acenando, sempre que estes assomavam à porta. Este simples gesto fez aumentar os donativos em mais de 15 por cento. O apoio era dado abertamente sem que fosse trocada uma única palavra.

E quando abordavam novas pessoas para pedir donativos limitavam-se a dizer: "Venho de casa do seu vizinho, que lhe fez rasgados elogios".

Aproveite este instante para fazer uma lista das pessoas que conhece e que possam estar dispostas a ajudá-lo numa situação em que tenha de persuadir terceiros regular e frequentemente, e pergunte-lhes se podem apresentá-lo a, pelo menos, uma das pessoas que pretende persuadir. Se estão dispostas a dar-lhe o seu apoio – o que seria ainda melhor – ou se, caso não estejam ou não sejam actualmente seus clientes, não se importam de ser elas a apresentá-lo. Feita a apresentação, torna-se mais fácil persuadir. Aqueles que espera vir a persuadir irão avaliá-lo, a si e às suas capacidades negociais, apenas com base nessa apresentação. Mas atenção: podem perfeitamente contactar a pessoa que o apresentou e confirmar as informações de que dispõem. Não empole a relação que tem com essa pessoa, seja honesto.

As recomendações são outra transferência de poder frequentemente esquecida. Quando um CEO diz ao CEO de outra empresa semelhante que um fornecedor é melhor que outro, aquele tem fortes probabilidades de vir a firmar um novo negócio. O mesmo se aplica às recomendações escritas ou àquelas que se colocam num *site online*, em promoções vídeo ou áudio. Essas transferências de poder constituem o cerne das minhas preocupações. Na verdade, preocupo-me com o que me diz porque não o conheço, porque não houve contacto prévio. Mas se aparecer alguém, metaforicamente falando, que me garanta que é uma pessoa de confiança, sentir-me-ei mais seguro. E a minha segurança aumenta de cada vez que houver declarações abonatórias.

Por último, não se esqueça de que pode reforçar uma transferência activa de poder e credibilidade sempre que alguém partilha consigo os resultados do seu produto ou serviço, ou quando corrobora aquilo que pretende demonstrar. A pessoa em questão não lhe dá somente o seu poder e credibilidade. Está também a persuadi-lo, o que é no fundo o mais alto estádio da transferência de poder e credibilidade.

Transferência implícita de poder e credibilidade

As transferências implícitas de poder têm lugar quando os outros ouvem aquilo que diz com base no que acreditam saber sobre as pessoas, locais, situações, organizações ou experiências partilhadas.

As organizações a que pertence devem ser influentes, poderosas e prestigiadas, e devem transmitir uma imagem de confiança. As confrarias e as sociedades secretas são particularmente influentes (Maçonaria ou associações de fraternidade como a Elks e a Shriner), bem como as organizações empresariais (Câmaras de Comércio, Better Business Bureau, Jaycees, Rotary, Young Presidents Organization) e as obras de beneficência (Cruz Vermelha Americana, Make A Wish Foundation). Organizações informais como a Neighborhood Watch permitem-lhe associar-se a pessoas com mais disponibilidade para ouvir o que tem a dizer e para confiar em si com base em experiências partilhadas ou em compromissos comuns em torno das mesmas ideias ou princípios. Quando fala com alguém da organização existe confiança porque têm as mesmas convicções; no caso de alguém exterior à mesma, a confiança assenta na experiência prévia e na credibilidade da organização.

Também podem ocorrer transferências implícitas de poder e credibilidade quando se está sob os "holofotes" dos *media*. Ora, na qualidade de persuasor, deve ter um plano pessoal de relações públicas. Salvo raras excepções, as pessoas tendem a acreditar mais facilmente no que lêem, vêem ou ouvem porque, se vem nos jornais ou na televisão, deve ser verdade. Podemos apontar inúmeros erros e falhas nas notícias da imprensa escrita ou televisiva, mas continuamos a ver e a acreditar. Damos mais atenção aos modelos de carros que aparecem nos blocos noticiosos e confiamos especialmente nos produtos que foram alvo de cobertura televisiva. Da mesma forma que confiamos e ouvimos quem vai à televisão por serem peritos nesta ou naquela matéria – se assim não fosse, nunca lá iriam. Há espaço para todos nas notícias. Mais de 50 por cento do que ouve nas notícias não é importante, mas é obra de publicitários com vista a posicionar eficazmente pessoas e produtos. Tente que quem o entrevista ou que escreve sobre si lhe dê o seu apoio ou o recomende de forma clara e inequívoca. E caso não conheça o seu produto ou serviço, confronte-o com questões pertinentes que o persuadam a experimentá-lo. Se mostrar interesse em fazê-lo, está completa a transferência de poder e credibilidade, e já tem material para uma notícia (um assunto que desenvolverei no Capítulo 6).

A transferência de credibilidade é relevante em muitas outras situações. Por exemplo, aquando de negociações, se conseguir transferir a credibilidade de um dos presentes, que seja neutro ou respeitado, para a sua argumentação, essa transferência acabará por reforçar a sua posição ou por torná-la mais razoável. Sempre que enviar cartas ou *e-mails* pode transferir credibilidade citando a pessoa de quem pretende obter autoridade ou credibilidade.

A transferência de poder e credibilidade é recíproca. Se quiser obter o apoio de alguém é importante que seja o primeiro a apoiá-lo. Se for prestável e ajudar os outros a estabelecerem contactos, estes ficarão em dívida para consigo e ajudá-lo-ão a estabelecer os contactos de que precisa. Seja cuidadoso na forma como usa a credibilidade entretanto transferida para si, pois perderá de imediato a confiança de duas pessoas no momento em que maltratar aquela que lha transmitiu: de quem maltratou e de quem o apoiou.

Resumo

- As transferências de poder e credibilidade para outra pessoa reforçam a sua capacidade de persuasão.
- As transferências de poder e credibilidade podem ser activas ou implícitas.
- As transferências activas de poder e credibilidade podem ser presenciais ou relevar de recomendações.
- As transferências implícitas de poder e credibilidade podem ter lugar quando os outros o analisam com base nas pessoas com quem se relaciona ou nas organizações a que pertence.
- Dê para receber. Dê-se a conhecer pelas pessoas com quem se relaciona e pela sua solicitude, quando oportuno, para assim transferir o seu poder e credibilidade, recebendo o que quer quando quer.

Pergunte a si próprio:

- Quem conheço que me possa transferir poder e credibilidade numa situação que pretendo influenciar?
- Quem conheço que possa necessitar do meu poder ou influência?
- A que organizações posso ou devo associar-me que realcem a minha capacidade de persuasão, dando-me implicitamente poder e/ou credibilidade?
- Como posso usar as recomendações ou outras manifestações de apoio para persuadir mais eficazmente?

(5)
Contar Histórias

Neste capítulo irá aprender:
- o poder de contar bem uma história
- como uma história bem contada pode persuadir
- quais são as melhores histórias

> *Tenho seis criados, vai pasmando*
> *(Tudo o que sei me ensinaram bem);*
> *Chamam-se O quê e Porquê e Quando*
> *E Como e Onde e Quem.*
>
> Rudyard Kipling,
> in *Histórias Assim Mesmo*, "O Filho de Elefante"*

Não há nada mais fascinante nem irresistível do que uma história bem contada. O acto de ouvir envolve-nos e cativa-nos.

Em criança tinha poucos locais onde me refugiar. O meu preferido era a Biblioteca Carnegie, em Caldwell, no estado de Idaho. A Carnegie era uma das poucas sobreviventes do seu género naquela zona de Idaho. Era um edifício em pedra aninhado num imponente relvado, sombreado por árvores frondosas, que se deixavam, aqui e ali, enlaçar por hera. Era simultaneamente majestosa e acolhedora. Mas algo de estranho acontecia sempre que visitava a biblioteca. Esta abria os braços e abraçava-me com uma força imensa, envolvendo-me no seu abraço livresco no exacto momento em que a pesada porta se fechava atrás de mim. Uma vez lá dentro, mergulhava num mundo totalmente novo, num mundo habitado por Ernest Hemingway, Jack Kerouac, Zane Grey, Peter Hathaway Capstick, Jack London, Robert Ruark, Louis L'Amour e Mark Twain. Cada um deles participava na minha protecção e educação. Levavam-me alegremente para terras distantes, onde conheci pessoas interessantes e com quem vivi incríveis aventuras. Todos me ensinaram novas e singulares formas de contar histórias e todos me apresentaram a alguém igualmente ávido de me abrir os horizontes e de alargar a minha experiência de vida. Ensinaram-me a descobrir histórias a cada esquina e a partilhá-las consigo.

Escrevo estas linhas em Minneapolis, no estado do Minnesota. Lá fora estão 25 graus negativos. Observo as pessoas que passam sob a janela do hotel, de rostos afundado nos cachecóis e sobretudos... todas menos um homem; a parte exposta do rosto está rubra do frio, o cabelo queimado pelo gelo e a respiração penosa, que lhe sai em baforadas, como nos desenhos animados, quebra-se em mil estilhaços no

---

* **N.T.** Editado em Portugal pela Editorial Caminho.

chão. Ao observá-lo, apercebo-me de que não está bem. Mesmo sem o ouvir, sei que brageja, gesticulando freneticamente. Não tem consciência de que a sua vida se vai complicar ainda mais. Não tem noção do que vai acontecer, mas eu tenho. Eu sei. Vê como é difícil parar de ler a história? Está precisamente a pensar no que vai acontecer a seguir. Quer saber o que vai suceder. Tem de saber. Umas frases bastaram para interromper a sua fantasia, proporcionando-lhe uma experiência. O leitor sabe, muito provavelmente, a sensação que se tem com 25 graus negativos ou, pelo menos, imagina. Aposto que enquanto lê estas linhas procura imaginar o calafrio que lhe percorre o corpo, o ar glacial que lhe enregela o nariz e queima os pulmões. E aposto que consegue imaginar o pobre homem de quem falei e que está intrigado com o que lhe vai acontecer. Pois bem, antes de lhe ensinar o que quer que seja, vou contar-lhe o que se passou diante dos meus olhos.

    O homem bate no vidro na esperança de chamar a atenção. Começa a enregelar. Mete a chave na porta desajeitadamente e tenta abri-la, sem sucesso. O homem que está lá dentro, protegido por um sobretudo e um gorro de pele, gesticula e vocifera em direcção à porta. O homem que gela na rua responde-lhe também aos gritos. É em vão que me esforço por perceber o que dizem. O hotel onde me encontro fica do outro lado da rua. O homem do sobretudo volta-se subitamente e desaparece do meu campo de visão, provocando uma nova sessão de gritos e pancadas no vidro. Agarro na máquina fotográfica e aponto-a para o tipo enregelado, suspeitando que algo de desagradável está prestes a acontecer. Sinto-o. Consigo ver gotículas de água a congelarem no rosto do homem especado junto da porta do carro. Pergunto-me por que nenhum dos transeuntes parou para o ajudar e, então, algo acontece. O homem que está lá dentro encosta um pedaço de papel ao vidro. Uso a lente de 300 mm para focar e leio: "Desculpe, mas as fechaduras estão geladas, por isso não podemos abrir-lhe a porta. Olhe para cima, a sua mulher vai atirar-lhe um sobretudo pela janela". E eis que a história muda radicalmente: o que era uma situação terrível deixa de o ser. A salvação chegou pelas mãos de uma mulher cinco andares acima. Mal a mulher fechou a janela, o homem, que apenas trazia um leve fato de treino, apressou-se a vestir o sobretudo e dirigiu-se, a passo de corrida, ao café que ficava ao fundo da rua.

    Repare como o fim da história foi gratificante, como se manteve atento ao seu desenrolar e como lhe soube bem chegar ao fim. Entretanto, como já havia conjecturado possíveis desenlaces, tive apenas de facultar alguns elementos no momento certo para que pudesse preencher as lacunas e tirar as suas próprias ilações. O mesmo acontece quando conta uma história a um potencial cliente ou a qualquer outra pessoa que pretende persuadir.

As histórias têm inerente um certo poder. Crescemos a ouvir histórias. Aprendemos a ouvi-las e a descobrir a moral subjacente ou o seu significado. Aprendemos ainda que as histórias são envolventes. Não ouvimos uma história da mesma maneira que ouvimos factos e números. Pode, aliás, observar essa diferença pela forma como o corpo reage e pela sua própria postura.

Quando alguém nos conta uma história, deixamo-nos envolver e cativar. Se for um bom contador de histórias, deixamo-nos envolver ainda mais. Se for um mau contador de histórias, tendemos a desculpá-lo e a repensar a história de uma forma que nos agrade.

> As histórias podem ser um instrumento poderosíssimo quando queremos persuadir terceiros.

O desafio para os que querem persuadir reside no facto de não perderem tempo a ponderar sobre a essência da história que vão contar. Debitam um rol de factos ou debitam um rol de ideias. Ora isso não é uma história. É uma charada que tem de ser resolvida. Não sei se o leitor é parecido comigo, mas eu adoro histórias e detesto charadas!

Se apenas facultar factos e números, vai obrigar os outros a enveredarem por um processo de avaliação lógico e linear: "Será 1 + 1 = 2?" Se a resposta for "não", dificilmente a poderei considerar relevante, válida ou sequer credível. Resultado? As pessoas ficam cépticas e tendem a procurar falhas no seu discurso em vez de acompanharem e aprofundarem o seu raciocínio.

Se quer evitar "passar pelo crivo" do seu cliente ou das pessoas que pretende persuadir, é fundamental apresentar-lhes uma história bem estruturada, cheia de imagens e pontuada por verbos que transmitam vigor, para assim captar a atenção do leitor ou ouvinte. Há uma grande diferença entre um sofá verde e uma poltrona de braços quando se quer contar uma história à criança que está sentada no seu colo. E a diferença é ainda maior entre um ISP (*Internet Service Provider*) e o *site* na Internet onde pode aprender, contactar com outras pessoas e fazer com que as coisas aconteçam. É como que a fusão entre a sua biblioteca à moda antiga e o filme *The Matrix*. As suas histórias têm de criar pontes entre o que a pessoa pensa e acredita e o que quer que ela acredite e faça.

As histórias são, a muitos níveis e por diversas razões, extremamente persuasivas. Na verdade, estamos habituados a ouvir histórias, ou não fossem elas parte fundamental da nossa formação desde a mais tenra idade. As tradições orais eram transmitidas pelo "passa palavra" muito antes da invenção da escrita ou das comunicações electrónicas e, para muitos, persistem ainda hoje na forma de biografias de família. Também aprendemos que quando alguém conta uma história a devemos ouvir, seja ela bem ou mal contada. Aprendemos desde crianças que as histórias transportam mensagens e aprendemos a decifrá-las. Ora o processo de decifração requer toda a sua atenção (enquanto persuasores, queremos cativar a atenção dos nossos ouvintes). As histórias são igualmente persuasivas porque levam o ouvinte a agir. As boas histórias, quer nos cheguem por via oral, escrita ou electrónica, deixam-nos como que hipnotizados: sentimo-nos como fazendo parte da acção, sabemos que o nosso corpo não poderá actuar enquanto não os ouvirmos até ao fim. Tem, primeiro, de imaginar para que, depois, possa acontecer. As histórias pedem a participação dos dois hemisférios cerebrais e encorajam-no a lembrar e a sentir. As histórias apelam à emoção.

Quando pretende persuadir tem de pensar previamente no que quer dizer, na mensagem que quer passar e no que quer que a pessoa faça. Só depois deve começar a estruturar a sua história.

> As histórias persuasivas diferem das outras fundamentalmente porque são pensadas para chamar a sua atenção, para potenciar um elevado nível de interesse, para criar desejo e para lhe permitir que tire as conclusões necessárias para fazer o que eu quero que faça.

Um dos trunfos – ainda que menos óbvios – de uma história persuasiva e bem contada é o facto de ninguém conseguir contá-la como a contou, especialmente os seus rivais. É natural que a descrição que acabei de fazer lhe recorde o que, na gíria publicitária, dá pelo nome de AIDA (Atenção, Interesse, Desejo, Acção), a fórmula mais utilizada na publicidade nos últimos cem anos. A explicação é simples: os melhores publicitários são extraordinários contadores de histórias. Sabem pôr a arte de contar histórias ao serviço da publicidade, reduzindo-a à sua forma mais pura e simples.

Mas importa destrinçar entre as histórias persuasivas e os livros que contam histórias. Embora tenham em comum a estrutura e o estilo, diferem no intento e no propósito. Os livros de histórias visam, antes de mais, distrair o leitor. São pensados para o impressionar e constituem um escape, uma fuga à realidade. As histórias persuasivas exploram as fórmulas testadas pelos romances e pelas histórias transmitidas oralmente, mas visam atingir outro tipo de resultados. São pensadas para que o leitor ou ouvinte chegue a conclusões previamente definidas e reaja em conformidade com o que foi previamente definido pelo persuasor.

Como contar uma história persuasiva

Há quem conte sempre boas histórias e quem seja um perfeito desastre, por muito que se esforce. Contar histórias é um talento que podemos aperfeiçoar e usar a nosso bel-prazer. Eis os passos necessários para contar uma boa história:

1. É importante conhecer a história.
A maioria das histórias que conta não é persuasiva porque não soube estruturá-las, porque não as viveu ou porque não são da sua autoria. Lembra-se de pormenores ou de um exemplo concreto, mas as ideias não fluem. No fundo, é pior a emenda do que o soneto. E o resultado pode ser ainda mais desastroso quando adapta histórias de terceiros sem dispor de todos os dados necessários para completar a história e torná-la autêntica. As histórias mais persuasivas são aquelas que retratam episódios que viveu em primeira mão.

Para as histórias serem bem recebidas tem de saber o que o leitor ou ouvinte precisa de ouvir para poder satisfazer as suas necessidades. Pense naquilo que vende ou no que tem de fazer para persuadir alguém regularmente. Se quer que uma história seja persuasiva tem de realçar o seu "produto". Que aspectos deve realçar quando fala com alguém que quer persuadir? Que conhecimentos deve ter a sua audiência ou que dúvidas poderá levantar para que as suas respostas a satisfaçam plenamente? Que ilações poderá retirar da solução proposta? Agarre num papel e faça uma lista com todos estes elementos. De seguida, consubstancie os seus argumentos. Que testemunhos e provas tem de dar para me convencer de que é verdade? Mais alguém está a fazer o que me pediu que fizesse? Faça uma listagem das provas de que dispõe no papel que usou anteriormente.

Agora, emocione-me. Será que vou arrepender-me, ou até que ponto outros se arrependeram, de não comprar o que me está a tentar vender? Perderam dinheiro ou respeito? Tiveram perdas de alguma espécie? Espera-os o fracasso? O que poderá acontecer se não tomarem uma decisão? Faça uma nova listagem.

Prepare-se para as perguntas que poderei fazer ou que farei quase de certeza. Identifique-as e inclua-as na sua lista.

Por último, que quer que faça? Descreva-o detalhadamente e enumere os passos que terei de dar para concretizar a tarefa. Tome igualmente nota das minhas eventuais objecções: se vou precisar de obter financiamento ou autorização da administração, por exemplo. Elimine todas as potenciais objecções.

2. Esquematize a sua história.

Uma história persuasiva deve responder às perguntas *quem*, *o quê*, *quando*, *onde*, *porquê* e *como*, obedecendo ao seguinte formato:

A. **Cative a audiência.** Vou mostrar-lhe de seguida como pode desenvolver um discurso extremamente cativante. Mas, por ora, o mais importante é centrar as atenções em si. Para isso, o seu discurso tem de ser de tal forma cativante que até as pessoas que estão a 50 metros de distância vão interromper o que estão a fazer para ouvi-lo ou, então, vão fazer tudo para ouvi-lo às escondidas.

B. **Crie os alicerces.** É nesta parte da história que lança os alicerces, que introduz todas as informações que eu preciso de ter para compreender a história, que preenche as minhas lacunas e me dá o enquadramento necessário para eu compreender o que diz. É aqui que vai inserir os dados que a pessoa deve possuir e que identificou previamente na lista já mencionada.

C. **Oriente as minhas emoções.** Suscite o meu entusiasmo ou transporte-me para um local onde eu sinta dor, luxúria, desejo ou perda. Escolha pelo menos três factores da sua lista que possam despertar emoções e insira-os nesta parte da história. Estruture bem a história para eu não refutar imediatamente os itens escolhidos ou para não me aperceber rapidamente do que me pode acontecer ou do que aconteceu a alguém que eu conheço. (Se ainda não estabeleceu esta relação, chegou o momento de introduzir uma história sobre alguém muito parecido comigo e de me contar o que lhe aconteceu).

D. **Apresente as provas.** Dê-me um exemplo, de preferência invocando alguém que eu conheça ou, em alternativa, alguém parecido comigo. Conte-me a sua história e deixe claro que se trata de uma pessoa verdadeira. Se não dispuser de outras referências, conte uma história sobre si próprio que reforce a sua credibilidade e faça prova daquilo que diz.

E. **Responda às minhas perguntas.** Prepare entre três a cinco perguntas que sabe que eu farei e responda antes de eu poder formulá-las. Mostre que é um especialista porque sabe exactamente o tipo de perguntas que eu iria fazer. Apresente novas provas, explicando que outra pessoa antes de mim colocara precisamente as mesmas questões, elucidando-me sobre o que aconteceu.

F. **Dê-me informações suficientes para poder chegar às suas conclusões.** Dê-me somente alguns detalhes que suscitem novas perguntas para haver alguma interacção. Diga-me o que devo fazer, quando fazê-lo e porquê. Em termos psicológicos, isto obriga-nos a uma pesquisa "transderivacional"* para podermos dar respostas que tenham significado.

G. **Registe o meu *feedback*.** Quero saber se consegui passar a mensagem, mas não quero especular, por isso, pergunto. Agora que já ouvi a sua história, dê-me espaço para lhe dar mais informações. Para lhe mostrar como aquilo que disse se aplica à minha pessoa.

É assim que se esquematiza uma história persuasiva. Criada a estrutura base, só tem de introduzir os elementos que vão torná-la interessante. E é assim que deve esquematizar todas as histórias que tenciona usar para persuadir, de forma a garantir o seu êxito. Esta fórmula aplica-se num face a face ou perante uma audiência, no caso de uma história escrita, de um anúncio publicitário ou de um texto na

---

* **N.T.** Processo que liga a linguagem à experiência.

Internet – o formato mantém-se porque, em última análise, as melhores histórias são as que se contam a uma pessoa de cada vez, seja qual for a dimensão da audiência ou a forma como capta a mensagem. As histórias persuasivas tocam-nos individualmente e envolvem-nos totalmente porque são pensadas para cativá-lo, a si e a todos os que estejamos a lê-la ou a ouvi-la.

3. Conte a sua história.
É a parte mais divertida e aquela em que a maioria falha. Lembre-se dos seus tempos de criança, das histórias que lhe liam (caso não se lembre, vá a uma biblioteca ou a uma livraria onde haja sessões de leitura para crianças e fique a assistir). Era delicioso quando alguém nos lia uma história mas, nesses momentos, havia uma pessoa específica que queríamos que nos lesse uma história. E era aquela que lhe dava vida: os dragões bramiam e provocavam-nos gritos de terror; as criadas falavam num tom agudo que nos penetrava os ouvidos e os lenhadores tinham vozes cavas e profundas, capazes de nos fazer ranger os ossos. Estava profundamente enfeitiçado e mal podia esperar pela palavra seguinte. Quando o seu leitor preferido lhe lia histórias nunca se cansava. Os contadores de histórias persuasivos seduzem os nossos sentidos com a sua linguagem corporal, o seu estilo, o contacto visual e respectivas emoções. Transfiguram-nos emocionalmente, brindam-nos com notas de humor e obrigam-nos a concluir o inevitável. É uma sensação verdadeiramente extraordinária!

Quando começar a contar a sua história, tem de captar totalmente a atenção dos ouvintes ou leitores. E, para isso, nada melhor do que uma *bengala* como "vou contar-lhe uma história". Ou pode começar por dizer: "Sabe, lembrei-me que…"; ou por fazer uma pergunta: "Já alguma vez lhe aconteceu?". Uma pergunta predispõe os outros a ouvirem a sua história.

Se fizer uma pergunta, a maioria sentir-se-á tentada a responder, ou seja, autoriza-o a prosseguir a história. Uma das melhores formas de começar é perguntando se "Alguma vez passou por isto…?" Se lhe fizesse esta pergunta: "Lembra-se do tempo em que não havia dinheiro para nada e em que gastar um cêntimo era um luxo, embora soubéssemos que só teríamos futuro se investíssemos todos os míseros cêntimos que tínhamos no bolso?", teria de vasculhar as suas memórias em busca de uma situação idêntica. (Experimente fazê-lo neste preciso momento e esforce-se por dar uma resposta à altura). Todos terão passado por algo semelhante, mesmo que não tenham tomado as medidas que gostariam de ter tomado. Ou seja, dispõem de experiência emocional e prática, pelo que podem facilmente criar um elo de ligação com a sua história. Só terá de alterá-la ligeiramente para envolver aqueles que não tenham passado por nada de semelhante, contando-lhes a sua própria experiência.

Vou agora enumerar mais alguns segredos relativos à arte de contar histórias, ao mesmo tempo que lhe conto uma história que vende.

A melhor maneira de contar uma história é fragmentando-a, dividindo-a em diversas partes. Comece por fazer uma pergunta ou adopte uma estratégia que capte imediatamente a atenção da audiência. Depois, deve reflectir sobre as pessoas com quem vai falar regularmente. Na maior parte dos casos, apenas falamos com quatro ou cinco tipos de pessoas aquando de uma reunião de trabalho.

Temos os compradores, os cépticos e aqueles que fazem perguntas. Por isso, é fundamental que tenha um pormenor ou uma história ligeiramente diferentes para contar a cada uma destas pessoas. Esses elos constituem as partes da história que tem para contar e estabelecem uma ponte com eventuais compradores ou aquele que pretende persuadir. A ideia é começar a contar a história, captar a sua atenção e, depois, sim, criar uma ponte com algo que seja importante e significativo para a pessoa em questão.

Dou-lhe agora um exemplo do que faria se vendesse carros. Posso, muito simplesmente, perguntar: "Veio por causa do carro vermelho, certo?" Ou: "O que é mais importante para si num carro?" Eis outra excelente pergunta – "O que mais o seduz neste carro?" – para obter informações adicionais. Dada a resposta, a conversa prosseguiria nestes termos:

"Procuro um carro vermelho porque gosto de carros desportivos. Por isso, quero um descapotável rápido com pneus de baixo perfil como os deste modelo."

"Conheço um tipo que organiza corridas em parques de estacionamento. Está a ver o que é? Gincanas com cones de sinalização. Também adora carros vermelhos. Mas sabe o que me disse? Que nas corridas ficava melhor servido com um carro preto, pois distingue-se mais facilmente dos outros todos, que são vermelhos. Só assim consegue ser o centro das atenções."

"Normalmente, quem compra carros desportivos escolhe um modelo vermelho ou azul metalizado, mas como ele queria ser diferente, esco-

lheu um modelo preto. E resultou. Não estou a insinuar que seja esse o seu caso. Mas se gosta de ser original, se gosta destes pneus de baixo perfil e se dá importância à velocidade, então, talvez valha a pena pensar duas vezes."
"Gosta de sobressair no meio da multidão ou prefere ter um carro que se confunde com todos os outros?" Aqui chegados, o comprador vai dar-lhe novas informações. E de bom grado, pois passou a fazer parte da sua história. "Não, não, também gosto de ser diferente."
"Muito bem, então vamos concentrar-nos nestes dois carros."

Podia perfeitamente ter-lhe vendido o carro vermelho, certo? Certíssimo. Mas queria servi-lo melhor, não é verdade? Talvez um carro preto vincasse melhor a diferença ou talvez não tivesse um carro vermelho com as características que o cliente pretendia. Talvez o carro preto lhe desse, a si, mais margem de lucro. No fundo, fê-lo mudar de opinião contando uma simples história sobre outra pessoa e relacionando-a com os seus critérios de escolha.

E eis que a história chega ao fim. É importante ter presente que estas histórias devem ser extremamente simples. E qual é a moral da história? Contou-a com que objectivo? Se contou bem a história, a resposta só pode ser uma: "É a escolha certa". Ao tomar conhecimento do objectivo da história, a conclusão óbvia é tomar uma decisão. No fundo, é esse o seu principal objectivo.

No exemplo dado, o objectivo é persuadir o comprador a "trocar" um carro vermelho por um preto. Ou seja, o objectivo da história é: "Ouça, se quer ser diferente, se quer sobressair no meio da multidão, o melhor que tem a fazer é comprar um carro preto, pois todos os outros têm carros vermelhos. O seu é o único carro preto, é aquilo que o torna diferente dos outros". É aqui que consegue levar o comprador a mudar de opinião. E nenhum outro argumento o faria mudar de ideias tão rapidamente.

Uma escrita persuasiva é sinónimo de boas histórias

Contar a sua história por escrito é igualmente simples. Se quer tornar a sua carta de vendas mais persuasiva escreva uma história. O seu texto – e isto é muito importante – ganha novo vigor se incluir histórias. Se quer que as pessoas tomem decisões, tem de cativar sucessivamente a sua atenção para que continuem a lê-lo. Possivelmente, já ouviu falar no objectivo inerente a um título. O seu objectivo é levá-lo a ler a primeira linha do artigo. E o objectivo da primeira linha é levá-lo a ler a segunda, a terceira e por aí adiante.

As histórias têm este poder porque as pessoas querem saber o que acontece a seguir, querem saber qual é a próxima peça do *puzzle*. É muito natural que o leitor nunca tenha ouvido falar de Paul Harvey, a não ser que seja norte-americano. Paul Harvey conta histórias na rádio há várias décadas e o público continua a sintonizar o seu programa com grande expectativa, mesmo sabendo que vai ouvir uma história que já conhece, só que Harvey sabe contá-la de uma forma diferente. Conta metade da história, segue-se um intervalo publicitário e regressa, dizendo: "Prosseguimos agora com a nossa história". Ora bem, os ouvintes não mudam de estação. Como estão realmente interessados em saber o resto da história, esperam pelo fim do intervalo. Harvey tem hoje uma legião de fãs graças às suas narrativas persuasivas. E fá-lo tão bem que é *impossível* deixar de ouvi-lo.

Escrever boas cartas ou um bom anúncio é o mesmo que contar uma boa história. Pode suspender a história onde bem entender, que os leitores vão querer mais, como acontece com Paul Harvey. Pode contar um terço ou metade da história e dizer: "Bem, vou contar o resto da história dentro de instantes, mas antes gostaria de fazer umas observações que considero importantes." Chegou o momento de definir os critérios que vai usar para persuadir o público a comprar, relacionando a história com aquilo que lhes quer vender.

Agora chegou o momento de continuar a história, de estabelecer uma ligação entre todos os elementos. Quem leu a história até ao fim tem em seu poder toda a informação de que precisa para chegar à única conclusão possível, ou seja, que é a si que tem de comprar.

Quando elabora a sua história, assegure-se de que a constrói com várias partes que podem ser ligadas em função de cada pessoa que lê a sua carta, com quem está ao telefone ou se está a dar uma entrevista aos jornais.

Como contar a sua história aos *media*

Todos querem divulgar a sua história nos *media*. A oportunidade pode surgir se contar uma boa história a um jornalista. E qual é o verdadeiro objectivo de um jornalista? Muitos esquecem-se deste pormenor. Aliás, as principais empresas de relações públicas nos EUA esquecem-se deste pormenor. O objectivo dos jornalistas é contar uma história. É o que fazem, por isso estão sempre à procura de boas histórias para contar.

Durante as pesquisas para este livro usei um serviço chamado "Profnet", que me permite contactar com empresas de relações públicas para estas esclarecerem certas dúvidas sobre quem tenciono entrevistar. Depois de ter enviado o meu questionário, comecei a receber respostas, mas a maioria não tinha conteúdo. Os *press releases* estavam pejados de hipérboles e de promessas, e raramente eram elucidativos. Ignorei a maior parte e guardei apenas aqueles que despertaram a minha atenção. Isto é, aqueles que me despertaram alguma emoção, que contavam uma história envolvente e que me deixaram com vontade de saber mais. Recebi mais de uma centena de respostas que, supostamente, me iriam ajudar a desenvolver um capítulo deste livro, no entanto decidi entrevistar apenas uma pessoa – a que me escreveu um *e-mail* de tal forma irresistível que, mal dei por mim, estava a telefonar-lhe. As restantes foram parar ao lixo.

Curiosamente, senti que era capaz de traçar um breve perfil daqueles que iria entrevistar com base na história que me contaram – ou que não contaram – e na sua resposta inicial. Os mais lúcidos, os bons contadores de histórias deram, sem dúvida, as melhores entrevistas e com a melhor informação. Os outros acabaram por não figurar neste livro.

Resumindo, se puder dar aos jornalistas aquilo que eles querem e num formato a que estão habituados – uma história –, a quem julga que vão dar atenção? A si ou a alguém que escreveu um artigo desinteressante, que nunca irá captar a atenção do público, que não veicula promessas nem envolve ninguém emocionalmente?

O verdadeiro poder de uma história passa, pois, por envolver emocionalmente quem a lê ou ouve. Por envolver mental e emocionalmente. O segredo está em fundir as duas vertentes para que funcionem como uma só. O resultado é que os jornalistas se deixam envolver pelas histórias que tem para lhes contar.

Pratique contar histórias

Se quer ser um excelente contador de histórias precisa de praticar e de aperfeiçoar as suas narrativas. Conte a história em voz alta para si próprio, pelo menos uma vez, e continue a aperfeiçoá-la. Um dos melhores investimentos que pode fazer é comprar um microfone para gravar a sua história para o computador. Experimente gravá-la e ouça-a com atenção. É inteligível? Parece-lhe genuína? Usa um tom convincente? Introduz emoção nos momentos certos?

> Outra coisa interessante sobre as histórias é que se as contar sem inflexões de voz e sem lhes imprimir carga emocional, nunca obterá o efeito pretendido.

Imagine que lhe contava a "História dos Três Porquinhos" ou "O Capuchinho Vermelho" num tom monocórdico. Leia a história que se segue num tom monótono: "O primeiro porquinho construiu a sua casa em palha, veio o lobo e, com um forte sopro, deitou-a abaixo. O segundo porquinho construiu a sua casa em madeira. A madeira não é o melhor material de construção, por isso, tiveram novamente de enfrentar o poderoso sopro do lobo, que soprou, soprou, destruindo-a também". A forma como a história está escrita não é minimamente cativante, mas se ler o original... bom, já percebeu onde quero chegar, certo?

Se contar uma história num tom afectado, as pessoas desinteressam-se e pensam, muitas vezes, "como posso dar a volta a isto?" Ouça o que diz e leia o que está a escrever.

Verifique se os exemplos que escolheu são bons, se usou verbos que transmitam dinamismo, que cativem os outros e os levem a tomar decisões, que os ajudem a perceber o que lhes quer transmitir e a fazer exactamente aquilo que quer que eles façam.

Tenho o hábito de olhar para imagens e de tentar descrever o que representam. Não tem forçosamente de ser a história que melhor se adequa à imagem. O importante é inventar histórias sobre o que vejo e descrever o que aí está retratado. Depois, mostro essa imagem a alguém e digo: "Vou contar-te a história desta imagem".

Se disserem "Fantástico, é muito interessante", isso quer dizer que fiz um bom trabalho. Se disserem "Sim, pois..." ou se nem sequer responderem, fico a saber que fiz um mau trabalho e que a minha descrição ficou aquém do pretendido.

Este processo visa apenas iniciá-lo na arte de contar uma boa história, de criar uma história da sua autoria. A ideia é agarrar em situações que desconhece e criar, rápida e facilmente, uma história a partir das mesmas, pois é isso que vai ter de fazer quando quiser persuadir. Há três histórias que todos devem ter preparadas. A primeira é a sua história pessoal. Quando os outros quiserem saber mais sobre si, conte-lhes uma história emocionante, uma minibiografia que desperte o interesse e que seja apropriada à sua actual situação. A minibiografia é constituída por partes, como qualquer outra história, para que possa introduzir novos elementos sempre que julgue necessário e oportuno. A segunda é a história da sua empresa, e a terceira a do produto ou serviço que tenciona vender. Se aprender a contar bem a sua história, poderá desenvolver a sua capacidade de persuasão muito além da dos seus rivais ou colegas do mesmo ramo.

Resumo

- As histórias vão para além da lógica e despertam emoções.
- As histórias são persuasivas porque desde crianças fomos educados a ouvi-las e a apreciá-las.
- As histórias permitem incluir nelas a pessoa que queremos persuadir, que passa assim a fazer parte da acção.
- As histórias são uma boa opção porque correspondem a um formato que nos é familiar; deve esquematizá-las para terem o maior impacto possível.
- As suas histórias devem despertar a consciência emocional para um problema passível de ser resolvido pela solução que propôs.
- Quando estruturar e desenvolver a sua história, não deixe de lado nenhum dos "seis criados" de Rudyard Kipling. Responda às perguntas o quê, porquê, quando, como, onde e quem.
- As histórias de sucesso fazem quem está a persuadir mudar de ideias.

Pergunte a si próprio:

- Qual é a minha história pessoal e como posso melhorá-la?
- Que histórias conheço que ainda não tenha contado e que possam reforçar a minha posição?
- Que recomendações poderei adaptar, transformando-as em histórias altamente persuasivas, ou adicionar àquelas que já tenho em carteira?
- Quais foram as cinco coisas mais importantes que aprendi neste capítulo e que tenho de pôr em prática para ser mais persuasivo?
- Que tipo de histórias prefiro ouvir e o que posso tirar destas apresentações para transmitir mais interesse às minhas próprias histórias?

(6)
O Reino dos Gurus

Neste capítulo irá aprender:
- a tornar-se um especialista reconhecido em 30 dias
- os segredos da auto-promoção
- a importância da escrita no processo de se tornar um especialista

> *Quando os homens destroem os seus antigos deuses, novos deuses virão tomar o seu lugar.*
>
> Pearl S. Buck

> *Os líderes não forçam ninguém a segui-los – convidam-nos para uma viagem.*
>
> Charles S. Lauer

É mais fácil persuadir quando se é um especialista de renome porque os outros procuram alguém credível em quem possam acreditar e confiar. Estão, pois, mais abertos a aceitar novas possibilidades. Logo, a partir do momento em que conquiste o estatuto de especialista, ser-lhe-á mais fácil desenvolver um grupo de seguidores. E estes são mais fáceis de persuadir do que aqueles que não o conhecem.

Pense nos gurus a quem pedimos conselhos diariamente. O Dr. Phil McGraw, por exemplo, é o rei da psicologia e da auto-ajuda. Rush Limbaugh é o guru da ala conservadora. Peter Drucker é o "pai" da gestão moderna. Em comum têm todo um conjunto de seguidores, isto é, pessoas que os ouvem, que acreditam neles e que reforçam a sua credibilidade de cada vez que os recomendam a amigos ou colegas.

Quando falo no "reino dos gurus" englobo tudo: de um simples especialista numa dada área a alguém que arrasta multidões. E englobo igualmente as duas definições originais do termo: a primeira remete para uma espécie de tutor espiritual tanto no Hinduísmo como no Budismo Tibetano e a segunda, a mais comum, para um conselheiro de confiança, um mentor.

É fundamental que quem exerce a persuasão profissionalmente, ou que apenas pretende negociar melhores acordos, se torne um verdadeiro especialista e, de preferência, um especialista de nome na sua área de actividade. Nas páginas seguintes, ficará a saber como pode desenvolver as suas competências e convicções para ser reconhecido como especialista (se seguir o plano à letra, quem sabe atingirá a celebridade enquanto tal).

Recorde, por breves instantes, a sua própria experiência. É possível que em tempos idos tenha comprado algo para o qual não estava qualificado. É o que acontece com a maioria das pessoas quando compram um produto tecnológico. A experiência depende muito do tipo de loja que escolher, mas não fugirá muito a isto: entra numa loja, lê as etiquetas, carrega nos botões e compara todos os produtos da mesma categoria. Ignora os vendedores porque prefere ver os produtos antes de recorrer aos seus serviços. Depois chega o momento de tomar uma decisão. Já restringiu o leque de escolha, por isso dirige-se agora a um vendedor, que se mostra extremamente solícito em ajudá-lo. Pergunta quais são as diferenças entre os dois produtos que seleccionou e aguarda uma explicação pormenorizada e elucidativa. O vendedor lê-lhe prontamente a descrição dos produtos que consta das respectivas etiquetas, ou seja, as mesmas que já havia lido. Pergunta-lhe o que querem dizer, mas ele não sabe explicar. Perdeu, naquele momento, toda a sua credibilidade e reduziu as probabilidades de como cliente vir a comprar o que quer que seja.

Compare agora com esta experiência. Entra numa loja e põe-se a ver leitores de MP3. O vendedor vem ter consigo e pergunta-lhe se é a primeira vez que compra um MP3. "Sim", responde. O vendedor aí diz: "Tenho sete e, fora do horário de trabalho, sou DJ em festas e casamentos, por isso tento sempre comprar o melhor que há no mercado para não ter de andar com um leitor de CD atrás. O maior problema é descobrir o que tem melhor som e maior capacidade de armazenamento a um preço convidativo. Quer o seu para quê?" Explica-lhe que viaja com frequência e que gosta de aproveitar as viagens para trabalhar, ou seja, precisa de algo que dissuada os passageiros que passam o voo inteiro na conversa. O vendedor continua: "nesse caso, e se estiver de acordo, sugiro-lhe que opte por um destes dois modelos e explico-lhe porquê. Primeiro, não precisa de comprar um com um disco gigantesco – a não ser que tenha de carregar cinco a dez mil músicas como eu. Se não vai guardar fotografias nem ver filmes, que levam muito tempo a carregar, também não precisa de um ecrã a cores. Tanto um como outro têm memória para umas três mil músicas, isto é, cerca de 200 CD, e não chegam aos 250 dólares. Ambos têm boa qualidade de som. Não vai notar qualquer diferença entre o que ouve no MP3 e no seu leitor de CD. Eu não noto e os meus clientes nunca se queixaram da qualidade do som quando ponho música. Pessoalmente, acho que devia comprar este modelo. Custa mais 20 dólares, mas os acessórios são mais baratos, ou seja, a longo prazo ainda vai poupar algum dinheiro."

A diferença é que vai sair da segunda loja com um leitor de MP3 no bolso e, se este não o defraudar, é lá que irá quando quiser investir em novos equipamentos. O exemplo apenas ilustra a forma como os conhecimentos que alguém detém numa dada área (neste caso o vendedor era também DJ) fazem com que o cliente nem sequer questione as recomendações do vendedor, só pelo facto de este ter mostrado que dominava o assunto e conhecia bem o produto.

Agora imagine que quer convencer um cliente a escolher a sua empresa em detrimento de um concorrente maior. A argumentação do seu concorrente foi convincente, mas nada está perdido. Vai mostrar os seus conhecimentos, traçando um retrato abrangente do problema do seu cliente, e apresentar uma ou mais soluções. Invoque *case studies* que provem que já ajudou empresas semelhantes a resolver problemas idênticos. Depois é altura de tirar o trunfo da manga. Entregue ao potencial cliente uma cópia do *dossier* que atesta os seus conhecimentos nessa área e mostre-lhe os artigos publicados recentemente por duas das principais revistas especializadas, onde se dá conta da sua metodologia. Por último, diga-lhe que se quiser conhecê-lo melhor pode ainda visionar o DVD com as numerosas entrevistas que concedeu à CNN, MSNBC e Fox News.

O seu valor dispara imediatamente. O potencial cliente tem todas as razões para confiar em si e para acreditar que lhe facultará uma solução ainda melhor, mesmo que possa ser um pouco mais cara. Os *media* que o entrevistaram reforçam a sua credibilidade, os *case studies* consolidam-na e o *dossier* prova que possui conhecimentos acima da média sobre o problema que a sua empresa enfrenta e sobre a solução necessária.

Está, pois, a um passo de entrar para o invejável reino dos gurus. O último patamar implica criar uma experiência pessoal perfeita para cada um dos seus clientes. Cumpre as promessas feitas, prova que é merecedor da sua confiança e que decidiram bem, e reforça a relação. Como resultado criou um seguidor, alguém que está disposto a apoiá-lo e a escolhê-lo sem nunca levantar questões. Nesta fase, só algo de muito extraordinário o faria afastar-se, visto as suas novas convicções e novo método serem favoráveis ao seu produto, serviço ou ideias.

Ser guru também lhe traz contrapartidas – a de ser descoberto por determinadas facetas que, de outra forma, lhe teriam escapado.

Quando alguém pesquisar o seu nome, o nome da sua empresa ou categoria no motor de busca Google, vai encontrar numerosas referências a entrevistas concedidas a diferentes *media*, tornando-o ainda mais desejável. Descobrem o seu *blog* (um *blog* significa, literalmente, um diário na Internet, ou seja, um diário *online*, que já conquistou um lugar no jornalismo enquanto *media* legítimo) e lêem os comentários mais citados sobre a sua área de especialização. E descobrem-no facilmente porque os motores de busca colocam as páginas de *blogs* no topo das suas listas de resultados. Também pode ser descoberto quando os seus colegas o referenciam em entrevistas ou programas televisivos. Mais, o seu livro abriu-lhe portas que nunca pensou ser possível abrir antes de publicá-lo.

Acredito, aliás, que já se deixou persuadir das vantagens que o desenvolvimento de um estatuto de guru lhe pode trazer. O que importa não é a pequena dimensão da sua empresa ou audiência neste exacto momento, o que importa é que vale a pena tornar-se um especialista reconhecido na sua área de influência.

Transforme-se num especialista reconhecido em 30 dias

Hoje em dia é irrelevante se é, ou não, conhecido mundialmente, pois qualquer um pode transformar-se num especialista de renome em 30 dias. O processo é, aliás, relativamente simples, embora exija uma elevada concentração da sua parte para conseguir levar o plano até ao fim. E uma grande dose de esforço, visto os gurus aparecerem e desaparecerem com grande rapidez – e os que mantêm o estatuto são aqueles que se empenham em manter a sua relevância e visibilidade.

Ser relevante é condição para ser um guru reconhecido. Os conhecimentos que detém devem ser actuais e a informação que faculta deve ter o dom de resolver problemas ou de apresentar novas ideias, rápida e concisamente, para realçar o seu talento natural (releia o Capítulo 3 sobre Identidade). Por último, desenvolva opiniões, que tanto podem ser consonantes com as de outros especialistas da sua área, como dissonantes. Um aspecto comum a todos os gurus é terem opiniões próprias.

Eis o roteiro para o sucesso, para se transformar num especialista de renome em 30 dias:

1. Defina a sua área de conhecimento:
- Defina claramente uma área sobre a qual dispõe de alguns conhecimentos e decida qual o assunto em que pretende especializar-se, isto é, tornar-se especialista.

2. Estude meticulosamente o assunto escolhido:
- Muitos especialistas defendem que são necessárias pelo menos mil horas de prática para se poder dominar um determinado assunto, seja ele uma língua, um instrumento ou qualquer outra actividade em que queira especializar-se.
- Desenhe mil quadrados numa folha de cálculo e, sempre que passar uma hora a aprofundar os seus conhecimentos, tome nota do que fez. Anote igualmente o que estudou, aprendeu, provou ou aplicou.

3. Comece por desenvolver opiniões:
- Os especialistas têm opiniões e partilham-nas.
- Escreva ensaios e artigos.
- Despenda parte do seu tempo a partilhar as suas opiniões com jornalistas e outros profissionais influentes, capazes de transmitirem a outros a sua mensagem.
- Faça exposições em público, de preferência em fóruns especializados.

4. Partilhe as suas ideias e opiniões:
- Participe em seminários e fóruns, especialmente junto de organizações comerciais; pequenos grupos como os *Toastmakers*, permitem-lhe compilar informação sobre a sua área de especialização. Não é altura de pensar que deve ser pago pelos seus conhecimentos e opiniões; é altura de cimentar o seu estatuto de guru.
- Reúna recomendações sobre os seus conhecimentos e sobre a sua capacidade de partilhá-los clara e sucintamente.

5. Escreva um livro, um artigo ou um *white paper*; lance um áudio-livro:
- Um livro confere-lhe credibilidade imediata.
- O livro não tem forçosamente de ser extenso.
- É um documento vivo que atesta o seu estatuto de especialista e que constituirá, para si e para a sua empresa, uma espécie de herança.
- Lance um áudio-livro; é um produto de concepção rápida e com baixos custos de produção se optar por uma edição de autor.

6. **Aposte num programa de rádio.**

7. **Escreva um *blog*.**

8. **Autopromova-se.**
Vou aprofundar cada um destes pontos para lhe facultar o máximo de informação possível, de forma a tirar o maior partido de todos eles. Qualquer um é capaz de desenvolver os tópicos enunciados. Nas próximas páginas, explico a forma mais simples de transformar cada passo numa realidade.

Defina a sua área de conhecimento
A focalização é vital para uma aprendizagem rápida. Para se tornar especialista, o primeiro passo é definir a sua área de especialização. Não bastam generalidades. Quando iniciei o estudo da persuasão não pensava tornar-me o maior especialista da área da persuasão. Mas, com o tempo, e à medida que me tornei conhecido no meio das vendas e do *marketing*, percebi que tinha de me distanciar dos outros, de ser diferente de todos os que me rodeavam. Decidi, então, aprofundar as minhas pesquisas para me transformar num especialista em persuasão. Quando decide em que área ou assunto quer tornar-se conhecido, quando circunscreve a sua área de especialização, começa a preparar o terreno para conquistar um lugar no reino dos gurus. Para isso, tem de ter uma excelente base de conhecimentos sobre a sua indústria, de forma a circunscrever a sua focalização e, assim, conquistar ainda mais conhecimentos.

Estude detalhadamente o assunto que pretende dominar
Para ser especialista, tem de estudar detalhada e meticulosamente o assunto que pretende dominar. Procure formação ou conhecimentos adicionais quando não compreender algo na totalidade, ou quando o assunto estiver fora do âmbito dos seus conhecimentos. Estude as tendências actuais através dos líderes da indústria e, se possível, aprenda com eles directamente para poder aprofundar os seus conhecimentos e acelerar a respectiva assimilação.

Desenvolva opiniões
Os especialistas têm opiniões, conforme já foi mencionado. Se quer persuadir e ser reconhecido como líder incontestável tem de ter opiniões próprias. Se não as tiver, estude as opiniões de líderes

incontestados e construa as suas a partir delas. Se partilhar essas opiniões, sugiro que desenvolva uma argumentação que sustente por que estão certas e, se não partilhar, desenvolva uma argumentação que explique por que estão erradas. Teoricamente, acabará por desenvolver ideias e opiniões, que são, no fundo, as mais importantes para os seus seguidores e para aqueles que vierem a transmitir a sua mensagem, incluindo os *media*. Depois de desenvolver ideias e opiniões próprias, reúna-as de forma consistente, de forma a poder demonstrar clara e rapidamente os seus pontos de vista, explicar por que estão certos e por que razão são tão importantes para quem vai ouvi-los.

Partilhe as suas ideias e opiniões próprias
Nesta fase, é fundamental que partilhe as suas ideias e opiniões. Que colha os frutos do seu trabalho árduo. Para atrair seguidores tem, primeiro, de provar que existe. Averigue se as pessoas que pretende influenciar conhecem as suas ideias e opiniões.

Chegou o momento de abordar os *media* especializados na sua actividade. Seleccione um conjunto de revistas – umas dirigidas às empresas e outras aos consumidores – que possam interessar ao seu mercado e contacte os editores, falando-lhes abertamente sobre a sua especialização. Quase todas as revistas obedecem a um calendário, a um plano editorial onde estão descritas as histórias a publicar nas próximas edições e que pode consultar no seu *site online*. Use o plano editorial como ponto de partida para desenvolver esta nova relação. No breve contacto que tiver com o editor, é importante frisar que é a pessoa ideal para escrever o artigo, que é um especialista credível e que será claro e sucinto na sua mensagem.

Há ainda alguns serviços que pode adquirir e que lhe permitem receber os principais *leads* de editores que procuram pessoas para entrevistar sobre os mais variados temas. O melhor serviço do género chama-se PR NEWSWIRE (*www.prnewswire.com*) e permite-lhe receber informação várias vezes por dia de dezenas de editores que procuram especialistas como você para entrevistar e que, por regra, publicam as entrevistas com relativa rapidez.

Escreva um livro, um artigo ou lance um áudio-livro
Escrever um livro pode parecer uma tarefa titânica para muitas pessoas, mas nunca foi tão fácil escrever e publicar um livro como nos dias de hoje. O método convencional – escolher uma grande editora

para publicar o seu livro – continua a ser a melhor opção. Não vou escrever sobre a elaboração de uma proposta para apresentar o seu livro nem sobre como deve contactar os editores, pois tem à sua disposição numerosas obras sobre o assunto. Investir neste tipo de literatura pode ser uma aposta ganha.

Para muitos, a edição de autor é uma possibilidade muito válida, que tem recebido muita atenção positiva. Poucos notarão diferenças ao nível da produção se o adquirirem através da Amazon.com. Já há muitas empresas dispostas a ajudá-lo neste tipo de edição e, actualmente, o *print on demand* não é especialmente oneroso, visto que pode editar um número reduzido de cópias.

Mais à frente, vou descrever um método que poderá seguir na escrita de um livro, de um artigo em 30 dias ou menos, mas antes quero falar-lhe de artigos. Praticamente todas as revistas querem ter em carteira artigos bem escritos e intemporais, em particular as revistas orientadas para a área comercial. O objectivo da sua escrita, friso-o uma vez mais, não é transformar-se numa actividade com fins lucrativos. A maioria encara a escrita como uma vertente da persuasão dir-lhe-á que não ganha dinheiro escrevendo livros ou artigos. Ganha dinheiro, isso sim, porque os escreveu.

Os artigos, quando bem escritos e quando incorporam ideias e opiniões próprias, são um excelente veículo para conquistar seguidores e conferir maior credibilidade às suas posições. A maioria julga que os artigos são da autoria de especialistas ou de jornalistas altamente qualificados. É verdade, mas também é verdade que quem lê os seus artigos tem-no em maior consideração porque acredita que o que neles vem escrito tem maior credibilidade do que a informação que possuem.

Os *white papers* são relatórios pormenorizados que explanam ideias, teorias ou processos, incorporando as suas ideias e opiniões de forma a produzir uma mensagem persuasiva que explique por que determinada ideia é verdadeira ou certa. Os *white papers* são um precioso instrumento para cimentar a sua credibilidade como guru, pois oferecem ao leitor um retrato mais detalhado do seu raciocínio e, inclusive, da sua empresa.

Os *white papers* não têm, propriamente, de ser da sua autoria, nem têm de incluir informação exclusivamente sua. Pode citar outras pesquisas (respeitando as leis do *copyright* e as restrições legais) e propor a terceiros que pesquisem e desenvolvam – e escrevam – as suas ideias. Os *white papers* são amiúde escritos por outra pessoa, embora seja você quem assina. Actualmente, é uma prática bem aceite. Se não for capaz de desenvolver o seu estatuto de guru de nenhuma outra forma, escreva hoje mesmo o seu primeiro *white paper* e faça-o circular entre colegas e entre quem quer influenciar.

O facto de se encarar a escrita como algo extremamente exigente e um obstáculo faz com que muitos não levem este processo até ao fim. Vou, pois, partilhar consigo um processo que pode usar na elaboração de um livro, de um artigo ou *white paper* em apenas 30 dias, e que está ao alcance de qualquer um:

1. Escolha um tópico a desenvolver (atenção: disse *tópico* e não *título*). Muitos caem no erro de encontrar o título perfeito e, depois, raramente passam daí.
2. Elabore uma lista de conteúdos que quer abordar ou faça uma sinopse do artigo, ideia ou capítulo que tenciona desenvolver.
3. Registe os sete factos que servirão de base à estrutura de cada capítulo na lista de conteúdos; caso se trate de um artigo, escreva numa folha à parte os sete factos a tratar.
4. Guarde as folhas da lista de conteúdos ou a(s) folha(s) dos factos a desenvolver num artigo em pastas diferentes.
5. Faça as pesquisas que considerar necessárias e reúna factos, citações, fotografias ou qualquer outro material na lista de conteúdos ou nas folhas do artigo, e guarde-as nas respectivas pastas. A pesquisa inicial deve ser igual ou inferior a um tópico por dia. Eis uma sugestão: se vir que tem muito material, tente organizar todas as pesquisas num ou dois dias, ou elabore tópicos, se estiver focalizado numa única tarefa.
6. Comece a redigir o livro, estruturando a informação disponível em torno dos sete factos de cada capítulo, ou construa o artigo em torno desses sete factos. Em alternativa, avance para o próximo capítulo ou suspenda a escrita por hoje. À medida que vai escrevendo, lembre-se de responder às perguntas *quem*, *o quê*, *quando*, *onde*, *porquê* e *como*. Se não se sentir à vontade a escrever, arranje um co-autor ou contrate alguém para escrever por si. É tão simples como isto.
7. Mantenha o mesmo método até terminar todos os capítulos.
8. Felicite-se por ter escrito o seu primeiro livro, artigo ou *white paper*.

Este processo aplica-se tal e qual à concepção de um áudio-livro, salvo num aspecto: quando tiver o material escrito, espera-o (a si ou à pessoa que contratar para lhe dar voz) a gravação em estúdio para CD. Também pode gravar *white papers* e disponibilizá-los na sua página *online* às pessoas que tenciona persuadir.

Aposte num programa de rádio
Ter um programa de rádio reforça a credibilidade e está ao alcance de qualquer um nos dias que correm. Quase todas as estações de rádio a emitir em frequência AM têm, integrados nos seus programas radiofónicos, blocos diários para vender a alguém como eu ou o leitor. Esses blocos têm uma duração que varia entre 30 a 60 minutos e, aquando da escrita deste livro, ter um programa de rádio custava somente 60 dólares por semana.

A rádio tem a vantagem de não o limitar à cidade onde vive (o que até pode ser benéfico, se esta for a sua principal área de influência), visto poder ir para o ar a partir de qualquer local via telefone. Basta ligar e o programa vai para o ar em directo ou, se preferir, optar pelo formato pré-gravado, que será emitido na hora e espaço previstos.

Foi assim que muita gente de sucesso criou os seus programas, constituindo mais tarde um grupo de *media*; alguns fazem-no pessoalmente, outros contratam empresas para o efeito. Esta pode ser uma boa opção, dependendo dos objectivos que pretende atingir e do esforço que está disposto a despender no seu projecto. Por vezes, pode valer a pena comprar diferentes espaços radiofónicos.

Vou contar-lhe um pequeno segredo sobre isto de ter um programa de rádio. A partir do momento em que tem um programa de rádio, passa a ter o estatuto de figura mediática e todos os privilégios inerentes, o que significa, para as metas que nos propusemos, "ter acesso a". São raros os profissionais de relações públicas que recusam uma oportunidade destas, se o assunto que tenciona abordar no programa for igualmente do interesse da pessoa que pretende entrevistar. Lembra-se de eu ter referido anteriormente o facto de ser conhecido pela empresa que dirige? Eis a oportunidade de ter a cidade "a seus pés", por assim dizer. Além disso, quando entrevista alguém está também a ajudá-lo a transmitir a sua mensagem e a fazê--lo chegar a outras pessoas, ou a cimentar a sua credibilidade, o que o deixa em dívida para consigo, por isso é natural que, mais tarde ou mais cedo, lhe retribua esse favor.

Não quero que fique com a ideia de que se tiver um programa de rádio terá imediatamente acesso a empresários comerciais ou industriais, pois isso não acontece. Quanto mais conceituado for quem quer entrevistar, mais dificuldades terá em persuadi-lo a conceder uma entrevista. Use a sua influência sobre aqueles que quer entrevistar. Peça-lhes para o apresentarem a outros potenciais entrevistados sempre que tenha intimidade para o fazer. Entrevistar o especialista mais conhecido do meio não é, certamente, o objectivo de quem procura credibilidade e seguidores. Há muitos outros, menos conhecidos, que podem trazer-lhe, a si e ao seu programa, igual credibilidade. Lembre-se de que o objectivo do seu programa é construir e consolidar o seu estatuto de guru, e não o de entrevistador.

Escreva um *blog*
Ninguém espera que um diário *online* seja tão longo como um artigo ou um livro, mas se for ninguém se importará, desde que seja bem escrito. E essa é uma das grandes vantagens dos *blogs*. Mas ninguém se importa que o faça, desde que seja bem escrito.

Os *blogs* são excelentes ferramentas por várias razões. Primeiro, são um espaço onde pode exercitar e cultivar as suas opiniões. E deve fazê-lo com ponderação, pois embora tenham um número reduzido de leitores – dada a sua natureza –, estes são frequentemente leitores assíduos. A partir do momento em que expõe a sua opinião num *blog* receberá imediatamente *feedback* das pessoas que o lêem através de *e-mails*, onde dão conta das suas opiniões e ideias, bem como daqueles que colocam nos seus próprios *blogs* os *links* dos seus comentários. E à medida que o seu *blog* e as suas ideias despertarem mais atenção, é muito possível que outros *bloggers* o citem na sua lista de "leituras recomendadas", o que faz com que os leitores de outro *blog* acabem também por ler o seu. Estes *bloggers* são altamente conceituados entre os seus leitores, por isso terão todo o gosto em transferir para si a sua credibilidade.

Segundo, os *blogs* são ferramentas extremamente poderosas porque os motores de busca lhes dão particular destaque. A pesquisa por palavra e a constante actualização dos *blogs* fazem com que surjam no topo dos resultados dos motores de busca. Vou usar o meu *blog* como exemplo. Muitos dos termos de pesquisa pelos quais teria de pagar avultadas somas sempre que alguém carregasse neles no Google, ou noutros motores de busca com *links* patrocinados, estão incluídos nos comentários que eu faço. Razão pela qual o meu *blog* figura entre os primeiros resultados de todos os motores de busca que me interessam.

Quando escrever o seu *blog*, é importante pesquisar previamente as palavras-chave ou as combinações de palavras/frases que os outros possam usar para pesquisá-lo a si e à categoria onde se insere. Nenhum *site* é tão bom para saber quantas pessoas procuram determinadas palavras ou frases como o *http://inventory.overture.com*. Escreva a palavra ou frase no espaço de pesquisa e ficará imediatamente a saber quantos procuraram aquela palavra ou frase e tudo o mais que possa estar relacionado. Definidas as palavras ou frases que as pessoas procuram, o passo seguinte é colocar comentários referentes às mesmas.

Vou contar-lhe um segredo que poucos conhecem: se incluir os comentários mais citados, ficará melhor posicionado nos resultados dos motores de busca, e como as pessoas tendem apenas a ver os primeiros, quem sabe acabarão por seleccionar uns e outros pela relevância que lhes foi dada. Para obter melhores resultados, deve cingir os comentários do seu *blog* entre as 200 e as 400 palavras. Assim, conseguirá maior destaque nos resultados das buscas. O seu *blog* deve ainda incluir *links* de *sites* de empresas ou pessoas que tenha mencionado nos seus comentários para ganhar maior destaque nos resultados. Além disso, é uma forma de se dar a conhecer a essas pessoas, caso ainda não tenham ouvido falar de si. Toda a gente introduz o seu nome num motor de busca para ver que resultados obtém. Se ainda não o fizeram, deviam. E, possivelmente, não tardarão a fazê-lo. Actualize o seu *blog* duas ou três vezes por semana e refresque o conteúdo para não perder a actualidade nem a fluidez. Se não lhe ocorrer nada de original, escreva sobre as actuais tendências na indústria ou comente as ideias que outros puseram a circular.

Autopromova-se
Os gurus tornam-se gurus por não terem medo de "propagar a sua fé". E é essa a atitude que deve ter. Ser guru faz parte do negócio. Os mais conhecidos são, regra geral, os que perduram no tempo, mas ainda agora começou a lançar as bases.

Inclua no seu *site* todos os recortes de imprensa onde vem citado, para que os outros os possam ver. Partilhe os seus êxitos, enviando artigos assinados por si aos seus clientes e potenciais clientes quando oportuno. Pense neles como mais uma oportunidade de *marketing*. É claro que é você o responsável pela divulgação da sua mensagem, mas quanto melhor o fizer, mais depressa os seus seguidores a divulgarão por si.

Tire o máximo partido possível do seu estatuto, da sua entrada para o reino dos gurus, e vai ver que muitas portas irão abrir-se. Focalize-se na divulgação das suas ideias e mensagem sempre que tenha oportunidade para o fazer, e partilhe os seus êxitos com os clientes que lhe são mais próximos, tornando-se um líder da indústria e uma pessoa com quem os outros querem fazer negócios. O número e a qualidade dos seguidores são, no fundo, o que define um verdadeiro líder. E é verdade que já figura no panteão dos gurus, mas como tenciona melhorar as experiências dos seus seguidores?

Resumo

- Todos querem ouvir e acreditar naqueles que aparentam ter conhecimentos que eles não possuem. Querem aprender com aqueles que consideram ter um conhecimento especializado que lhes possa ser útil.
- Não é difícil conquistar o estatuto de guru, mas requer bastante esforço.
- Gurus e especialistas partilham abertamente as suas opiniões, sendo que uns respeitam as normas da indústria e outros não. Os especialistas mais conhecidos contestam muitas vezes as normas estabelecidas. Desenvolva as suas opiniões e partilhe-as hoje mesmo.
- Conquistado o estatuto de guru, os seus seguidores encarregar-se-ão de divulgar a sua mensagem.
- Escreva um livro, um artigo, um *white paper* ou um *blog* e use o poder dos *media* para conferir maior peso e credibilidade às suas ideias.

Pergunte a si próprio:

- Sou especialista ou quero ser especialista em que área da minha indústria?
- Que devo estudar ou aprender para aprofundar a minha experiência como especialista?
- Que acções passadas podem contribuir para a minha reputação de especialista?
- Qual o tema do meu primeiro livro, artigo ou *white paper* e a quem vou dá-lo?
- Quem são as pessoas dispostas a aceitar-me como líder incontestável e como posso levá-las a partilharem as suas opiniões com outros semelhantes?

(7)
Desejo de Acreditar

Neste capítulo irá aprender:
- o poder das convicções e das crenças

> *O facto de um homem acreditar em provas insuficientes constitui uma relação dos seus desejos – dos quais, muitas vezes, não tem consciência. Se ao homem apresentarem um facto que vá contra os seus instintos, decerto o analisará minuciosamente; todavia, se este não for irrefutável, recusar-se-á a acreditar no mesmo. Se, por outro lado, lhe for apresentado um facto que lhe permita agir em consonância com os seus instintos, decerto o aceitará mesmo na ausência de provas concludentes. Este é o princípio subjacente à origem dos mitos.*
>
> Bertrand Russell

Todos nós temos convicções a que nos mantemos fiéis e que estamos dispostos a defender com unhas e dentes. No caso de outras crenças somos, porém, mais flexíveis e admitimos mudar de opinião mais facilmente. No limite todas as situações de persuasão acabam por, de uma maneira ou de outra, pôr em causa em alguma altura as próprias convicções.

A liberdade, sob todos os aspectos legais, é um direito que assiste a todos os Americanos – esta crença surge aos olhos da maioria deles como uma verdade absoluta. Grande parte dos americanos defenderia a qualquer preço esta posição, enquanto nação, muito simplesmente porque se trata de um princípio nuclear sobre o qual foi construída a nossa sociedade. Todavia, um único evento pode deitar por terra essas convicções. A 11 de Setembro de 2001, quando dois aviões se despenharam contra o World Trade Center, em Nova Iorque, muitas das convicções que existiam ruíram de um momento para o outro. Uma das mudanças mais óbvias foi, precisamente, a vontade que muitos evidenciaram de aceitar certas restrições à liberdade individual sem sequer as questionar (pelo menos, durante algum tempo). Porquê? Porque era mais importante – e do nosso interesse – salvaguardar a nossa segurança do que exercer as nossas liberdades. Precisávamos de mais informações para podermos regressar aos anteriores níveis de liberdade.

Se, para alguns, este é um exemplo extremo, para os Americanos demonstra efectiva e claramente o processo de persuasão. O país inteiro passou a questionar-se sobre se a tortura de suspeitos de terrorismo era ou não legítima, quando anteriormente muitas pessoas eram contra, pelo menos em teoria. Subitamente, questionámo-nos sobre a força que os nossos militares, instituições legais e agências de segurança poderiam usar contra outro ser humano para obter informações que permitissem salvar milhares de vidas. No fundo, aceitámos rever as nossas convicções de uma forma que nunca pensáramos possível.

Mas há um segundo aspecto a ter em conta quando falamos de convicções: estas fazem parte de nós e todos queremos acreditar que nos transcendem. Mesmo os que se julgam deuses incorrem na mesma necessidade – a de acreditar num sistema de ideias e convicções superiores a si próprios. E só as convicções lhes podem dar o conforto de que precisam. Curiosamente, a maioria das nossas crenças carece de fundamentação factual. Ninguém pode provar que existe um Deus supremo, mas muitas pessoas em todo o mundo encontram conforto nessa crença. Muitas outras acreditam na vida além da morte, na reencarnação, ou na existência de vida noutras galáxias. Nada disto pode ser cabalmente provado, todavia o conforto dessas convicções cria pontos em comum, cria uma rede de amizades e de conhecimentos, uma comunidade, em suma. Cria um certo nível de segurança e pode, em muitas circunstâncias, ditar comportamentos. As crenças religiosas ditam o comportamento de muitas pessoas. O facto de termos crenças e convicções diversas permite-nos dar sentido, segurança e uma estrutura às nossas vidas.

Quem questiona as nossas crenças sujeita-se imediatamente a ser analisado e é, muitas vezes, rotulado de herético. Cientistas e investigadores são frequentemente ridicularizados por ousarem pôr em causa as nossas crenças e convicções de longa data, por questionarem a sua validade. O desejo de as preservar é tal que, muitas vezes, preferimos obstruir o progresso para as poder salvaguardar. Já passei muito tempo a falar sobre crenças e convicções, e sobre como estas nos afectam por várias e boas razões. A principal razão por que muitos argumentos persuasivos falham prende-se com o facto de não conseguirmos analisar em profundidade as crenças e convicções que queremos mudar. Por vezes, achamos que queremos somente fazer alguém mudar de ideias, mas somos incapazes de compreender as suas convicções profundas, que acabarão inevitavelmente por ser afectadas por essa mudança.

Analisemos um exemplo tão simples como uma mulher que quer persuadir o marido a baixar o tampo da sanita. Esta diz-lhe que fica melhor assim e invoca mil e um outros argumentos para que ele baixe o tampo. O marido, por sua vez, acha que se a situação é assim tão incómoda, a mulher que baixe o tampo, já que ele tem de o levantar sempre que usa a sanita. A discussão poderia continuar, infindavelmente, que é o que acontece, ainda hoje, em muitos lares.

No entanto, a discussão podia ir muito além do simples manter o tampo aberto ou fechado. Muitas vezes, quando falamos com as partes envolvidas, apercebemo-nos de que as posições de uma e de outra dificilmente irão mudar – por uma questão de convicção. Ao falar com a mulher descobrimos que o facto de fechar o tampo é sinónimo de boas maneiras, um sinal de cavalheirismo. É também um sinal de respeito da parte do marido, uma vez que o seu pai fazia o mesmo pela mãe. O marido, por seu turno, limita-se a reproduzir a figura paterna. Ou seja, o pai nunca baixava o tampo e dizia à mulher que assim continuaria a ser porque era ele quem mandava. O contrário subverteria a sua autoridade.

Para haver consenso, é fundamental que ambas as partes compreendam as convicções que pretendem mudar. Compreendida a convicção e o quanto esta lhe é cara poderá, então, desenvolver uma estratégia eficaz, capaz de mudar a convicção em causa ou de construir alicerces que a incluam. Muitas vezes, achamos que temos de mudar as convicções quando poderíamos, muito simplesmente, incorporá-las. Aproveitar a força de uma convicção e procurar a melhor solução integrando-a é, na maior parte dos casos, a opção mais eficaz.

Quando vendia *software* para terminais de pagamento automático (POS), neste caso concreto para caixas registadoras, era comum pensar-se que tinha uma única funcionalidade: registar as existências e as operações de venda. Terminado o processo, os dados davam entrada na contabilidade e os verdadeiros mágicos do sistema eram, afinal, os contabilistas. Uma convicção falsa por várias razões como o trabalho extraordinário e a eventual imprecisão das informações, mas era assim que as coisas se processavam desde o virar do século. O dinheiro entrava na caixa de charutos e de lá saía também o troco. No final do dia, fazia-se a relação no livro de contas.

Só havia um problema: o *software* fora concebido com base na junção das duas operações, logo era preciso mudar essa convicção. Podíamos ter gasto milhões de dólares em campanhas publicitárias durante vários anos para que as pessoas reflectissem sobre este problema, ou podíamos tentar aproveitar as convicções existentes. E foi isso que fizemos. Em vez de publicitarmos o produto como um "pacote contabilístico" que incluía o POS, preferimos partir da convicção existente. Vendemo-lo como uma aplicação do POS que podia ser integrada, a título opcional, na função contabilística. Não teria de usá-la, mas havia essa possibilidade. Tecemos argumentos simples e explicámos que poupava tempo e reduzia a margem de erro na introdução de dados, nada mais. No fundo, partimos do princípio de que as pessoas que já usavam o *software* estavam certas e procurámos ajustá-lo às suas convicções. Também lhes demos a possibilidade de verificarem por si próprias a veracidade das outras opções, caso quisessem aprofundá-las.

Os resultados foram muito interessantes: o produto cresceu mais de 500 por cento num ano e o número de utilizadores e compradores do nosso "pacote contabilístico" aumentou proporcionalmente. Porquê? Porque quando compravam o novo *software*, a maioria tentava salvaguardar a sua convicção provando que estava certa. E a única forma de o fazer era provando que a nova ideia estava errada, o que os obrigava a testar o *software*. Ao fazê-lo, obtiveram os resultados que queríamos e acabaram por mudar de ideias. Actualmente, é raro o *software* POS que não está integrado na contabilidade. Quando mudamos as nossas convicções, abrimos caminho a grandes mudanças e à aceitação de novas convicções.

> No fundo, todos desejamos acreditar. Quando nos apresentam informação nova, regra geral, acreditamos imediatamente no que vemos e ouvimos. A isto chama-se convicção automática.

Enquanto a convicção não for posta à prova para sabermos se está certa ou errada, continuamos a acreditar na nova informação. E a isto se chama manter uma convicção (mesmo sabendo que está errada).

Os nossos padrões de percepção são selectivos e tendem a fazer-nos ver as coisas em função das nossas convicções e não daquilo que são na realidade. Erguemos estruturas ou esquemas mentais que nos permitem organizar e simplificar a informação que nos rodeia e aplicamos estes modelos a nós próprios, aos outros, àquilo de que gostamos e de que não gostamos, e a quase tudo o que fazemos.

Estes esquemas funcionam como filtros, deixando-nos ver, ou não, os diferentes elementos de uma situação; sustentam as convicções que nos dizem como deve ser cada situação a que assistimos. Já todos nós olhámos para alguém mal vestido e aparentemente sem maneiras, e o julgámos. Mas, ao falar com essa pessoa, verificámos que, afinal, se tratava de alguém culto e interessante, que vestira uma roupa mais velha para tratar do jardim ou arranjar o carro. A maioria de nós tende a olhar para uma coisa e a interpretá-la instantaneamente como nos convém para se ajustar no nosso esquema mental, ao invés de questionarmos a nossa convicção para termos a certeza de que se enquadra na actual situação. Para persuadir eficazmente terá de suspender os seus modelos e convicções até perceber se estes se podem aplicar à situação em que se encontra envolvido.

As convicções e os modelos mentais enfrentam igualmente outro desafio: o de persistirem mesmo na presença de provas que os contradizem apenas porque tendemos a ignorar tudo o que não se ajusta à nossa interpretação.

Se quer persuadir eficazmente tem de, primeiro, analisar as convicções que os outros consideram correctas e que são coerentes com a sua posição, levando-os a reafirmar essas mesmas convicções. Uma vez reiteradas, poderá reenquadrar as suas convicções para que incluam a sua posição.

Deve manter alguma flexibilidade ao nível das suas convicções pessoais e questionar regularmente os seus esquemas mentais, dado estes estarem intimamente ligados a certas pessoas ou convicções que espera vir um dia a mudar. Deve encorajar os outros a questionarem as suas próprias convicções, deve introduzir novas ideias e apresentar as provas que quer que analisem.

O mais curioso é que as convicções tanto podem mudar muito lentamente como muito rapidamente, consoante a situação e a condição daqueles cujas convicções pretende mudar. Quando as pessoas ficam frustradas ou tensas com um problema ou situação específicos, qualquer solução é bem-vinda, e ficam particularmente aliviadas quando encontram a resposta. Esse alívio emocional, esse bem-estar, permite--lhes criar instantaneamente uma nova convicção. Esta é uma das principais técnicas de conversão dos "caçadores" de fiéis, que pode perfeitamente ser adaptada aos seus intuitos desde que estude atentamente as áreas de extrema frustração que afectam quem pretende influenciar. O desejo de alívio ou salvação leva as pessoas a mudarem, pronta e rapidamente, as suas convicções.

Muitas vezes, quando queremos persuadir queremos, no fundo, que as convicções da outra pessoa sejam exactamente as nossas. Raramente é necessário que os outros acreditem plenamente na sua posição ou mudem a deles por completo para os levar a fazer o que quer que eles façam. Por vezes basta que suspendam a sua convicção para poder introduzir uma ideia nova. Noutros casos, apenas pretende pôr em causa o que é dado como adquirido. O seu objectivo enquanto persuasor deve passar, em última análise, por criar novas convicções que aceitem incorporar as suas.

As convicções que se prendem com a fé ou que dificilmente podem ser provadas são as mais difíceis de mudar. As crenças religiosas são igualmente difíceis de mudar pelas mesmas razões. Se quiser converter um católico ao Mormonismo, terá sérias dificuldades em fazê-lo mesmo que, à superfície, ambos acreditem fundamentalmente na mesma coisa. Não terá de mudar a crença principal, mas sim de mudar as crenças menores para que venham, pelo menos, a considerar essa ideia. Outro desafio com este tipo de crenças é o facto de serem quase sempre avaliadas em termos absolutos (o Mormonismo é uma seita, o Catolicismo não, ou vice-versa, consoante as suas crenças).

Os publicitários, por exemplo, travam diariamente uma "batalha" contra as convicções. Como posso levá-lo a substituir uma marca de que gosta e tudo o que ela significa para si após 20 anos por uma marca que não lhe diz nada? A resposta é mais simples do que poderia imaginar, mas raramente é dada da forma mais apropriada.

As convicções respeitam, acima de tudo, à memória, à repetição e à credibilidade da pessoa que transmite a nova mensagem. Se lhe disser que há um processo composto por três etapas capaz de mudar convicções, é muito provável que aceite o que disse como verdade pelo facto de eu ser um especialista em persuasão. Se a mesma ideia for veiculada em diferentes *media*, também passará a ser uma verdade e uma convicção sua. Quando falar a outros deste processo, está igualmente a subscrever a ideia e as suas convicções. Como resultado, a ideia de que existe um processo composto por três etapas capaz de mudar convicções torna-se uma convicção amplamente aceite ou uma experiência generalizada.

A maioria de nós partilha muitas das convicções mais comuns, embora estas estejam erradas. Por exemplo, já ouviu dizer que perdemos cerca de 90 por cento do calor do nosso corpo pela cabeça? Se fosse verdade, bastava-nos usar roupas leves mesmo nos dias mais frios de Inverno, desde que usássemos um chapéu, claro. Mas agora que pus em causa essa convicção, vai certamente ponderar sobre o que disse. Sugiro que faça uma experiência: vista um biquini ou uns calções de banho curtos a uma temperatura negativa durante uma hora e use um boné. Rapidamente vai perceber que é uma convicção infundada e mudará de opinião com a mesma rapidez.

Acabei, ainda que sumariamente, de lhe retratar o processo de criação de convicções e o processo de mudança das mesmas. Em todo o caso, vou de seguida expô-lo de uma forma mais linear para aprender a criar e a alterar convicções eficazmente.

Processo de criação e mudança de convicções em sete etapas

Se quer fomentar convicções tem, antes de mais, de apresentar o seu material de uma forma credível. A melhor maneira de o fazer é apresentando-o do ponto de vista de um especialista. A nossa sociedade condiciona-nos e diz-nos que não devemos contestar a opinião de especialistas por estes terem conhecimentos específicos que nós não temos. No Capítulo 6, a que chamei "No Reino dos Gurus", encontra explicações mais detalhadas sobre como tornar-se guru, mas agora é mais importante que interiorize o seu material e que o apresente de uma forma confiante, convicta e credível seja, ou não, especialista na matéria. Com efeito, quem poderá contestar as suas competências na área em que é especialista?

1. Descubra ou identifique a convicção que as pessoas criaram em torno da ideia que tenciona apresentar. Se for um publicitário, pode mostrar que está a par dessa convicção com base nas suas recentes pesquisas. Numa reunião a dois pergunte muito simplesmente: "O que considera mais importante em "x"? As pessoas, quando confrontadas com esta pergunta, tendem a responder frontalmente. Mas se não sabe por que razão é importante, faça uma pergunta mais esclarecedora: "Porque é importante para si?"
2. Identifique os aspectos que possam ter causado frustração ou confusão relativamente ao assunto.
3. Apresente a nova ideia ou os resultados desejados junto da audiência de uma forma confiante e esclarecedora, apresentando provas verosímeis. Se o seu objectivo é mudar uma convicção especialmente forte, é muito natural que tenha de expor

diversas vezes as suas provas e de corroborá-las usando fontes credíveis.

Neste contexto, e a partir do momento em que se transmite uma nova ideia, as pessoas querem ver com os seus próprios olhos provas inequívocas do que acabou de dizer. Como adquiriram conhecimentos sobre a nova ideia, é normal que se sintam atraídas pelas provas que a validam assim que a vêem. Dão-se conta de que existem diferentes verdades. E aqui é preciso ter muito cuidado. Se a sua posição, produto ou serviço geraram controvérsia ou tiveram um impacto negativo, a audiência rapidamente se irá aperceber dessas diferentes verdades. Neste caso, a opção mais fácil é manterem-se fiéis às suas velhas convicções, em vez perderem tempo a apurar a verdade.

4. Se vir que a sua audiência ainda tem dificuldade em mudar de opinião, peça-lhes para "fazer de conta". Ou seja, para fazer de conta que acreditam em "x" só por breves instantes. Pergunte-lhes se poderiam fazer isso de outra maneira e como. A lógica do "faz de conta" obriga-os a aceitar uma dada convicção como sua, pelo menos temporariamente. E, ao fazê-lo, é muito possível que acabem por se persuadir a si próprios.
5. Reforce frequentemente a sua ideia e apresente-lhes situações que atestem a sua veracidade e rigor.
6. Dê-lhes provas e deixe-os experimentar o seu produto ou serviço, ou então mostre-lhes os comentários abonatórios de quem passou pela mesma experiência e que mudou as suas convicções.
7. Premeie a audiência sempre que esta cria uma nova convicção ou muda de convicção. Deixe-os aceder ao "clube dos privilegiados", deixe-os fazer parte da elite ou do clube do Presidente.

No futuro, ser-lhe-á mais fácil persuadir alguém que já convenceu a mudar ou a criar novas convicções: favoreceu-o, logo conquistou a sua confiança. E com isso criou outra convicção... a de que existe uma relação e um espírito comunitário. Mais, ambos partilham a mesma convicção.

Lembre-se que todos nós desejamos acreditar em ideias e conceitos que nos transcendam ou que nos confiram uma certa superioridade sobre os outros. Estamos abertos a essas ideias e dispostos a criar novas convicções quando sentimos uma necessidade específica, ou quando temos uma questão concreta em mente. Se compreendermos a importância das convicções e a estreita ligação que existe entre as decisões que tomamos e as convicções que mantemos – sendo que estas devem mais à emoção do que à razão –, facilmente poderemos aumentar as nossas hipóteses de sucesso criando um ambiente persuasivo.

Resumo

- As convicções estão intimamente ligadas às posições que defendemos, sendo certo que estamos dispostos a defendê-las com "unhas e dentes". Compreender as convicções de quem quer persuadir permite-lhe moldá-las, em vez de mudá-las ou de criar novas convicções.
- Mudamos mais facilmente de convicções quando procuramos a solução para um problema que nos tenha deixado especialmente tensos, preocupados ou confusos. O alívio emocional permite-nos criar imediatamente uma nova convicção.
- Deve ser credível e convicto quando apresenta novas ideias para, assim, criar um ambiente onde essas novas ideias possam ser aceites.
- Todos desejam acreditar em algo; o persuasor tem, pois, de levar quem pretende persuadir a acreditar numa ideia e a aceitá-la como sua.
- Quem está disposto a pôr de lado as suas convicções ou esquemas mentais está mais bem posicionado para persuadir terceiros.

Pergunte a si próprio:

- Que convicções defendo que me impedem de ir mais além?
- Em que situação a divergência de opiniões me impediu de persuadir alguém?
- Tenho alguma convicção em comum com as pessoas que quero persuadir?
- Que ideia ou conceito poderei apresentar àqueles que quero persuadir e como posso levá-los a acreditar nessa ideia ou conceito?
- Que convicções devo abordar com quem conheço e/ou colegas de trabalho para desenvolver a nossa relação?
- Que provas posso apresentar para sustentar uma nova convicção?

(8)
Familiaridade

Neste capítulo irá aprender:
- a importância da familiaridade
- como estimular e desenvolver familiaridade
- como descobrir afinidades e situações familiares com quem quer persuadir

> *A familiaridade é a essência das amizades mais íntimas, bem como dos ódios mais profundos.*
>
> Antoine Rivarol

Quando falamos de familiaridade em relação à persuasão, falamos de uma simples verdade: quanto mais familiarizados estivermos com as pessoas, lugares, eventos, produtos, serviços ou situações, maior é a probabilidade de os entendermos numa situação que é imediatamente certa ou errada, consoante a nossa experiência anterior.

Para persuadir eficazmente, deve identificar o que possa ser familiar para a pessoa ou grupo que pretende influenciar. Que referências têm em comum? Que experiências poderão partilhar para estabelecer uma plataforma de entendimento? A que grupos ou organizações pertencem? Quem detestam ou criticam sem excepção? Quem amam de facto? Que experiências procuram, todos eles? Se identificar os aspectos que lhes são familiares, terá maior facilidade em penetrar nesse universo de experiências ou desejos partilhados.

Quando iniciamos o diálogo a partir de uma base comum, como um espaço físico, por exemplo, forçamos os outros a observar a situação de uma perspectiva familiar. Ou seja, é preciso colocá-los num espaço emocional onde possam recordar sensações e ideias antigas. Nas vendas, este conceito dá pelo nome "dor e prazer": a ideia de que as pessoas tendem a preterir a dor a favor do prazer. Podemos desenvolver esquemas negativos ou positivos consoante os objectivos a alcançar.

Em tempos acompanhei o processo de implementação de um novo sistema de pagamento automático de um importante cliente. O seu negócio era essencialmente sazonal, pelo que mais de 60 por cento do volume de vendas anual tinham lugar em apenas 45 dias. Um dos maiores desafios foi colocar o produto em quiosques de centros comerciais que não dispunham de pessoal técnico habilitado. Resultado? Tivemos de fazer muitas chamadas telefónicas para esclarecer o pessoal de apoio do cliente. Quando o pessoal de apoio recebe um elevado número de chamadas – e não interessa agora saber quem é o verdadeiro culpado pela situação – o cliente tende a apontar o dedo ao vendedor. E foi exactamente o que aconteceu.

Se não queria perder o cliente nem o controlo da situação, tinha forçosamente de persuadir o director de TI* e o pessoal de apoio a assumirem a sua quota de responsabilidade e encontrar uma forma eficaz de instalar as unidades. As minhas primeiras tentativas depararam com alguma resistência. Mas depois de algumas conversas com o director de TI fiquei a saber que havia uma experiência comum: ambos nos tínhamos alistado no exército. A partir daí, comecei a moldar esta experiência a outras que agora partilhávamos, como o facto de termos ultrapassado em conjunto uma "missão impossível", que foi lidar com equipamento não padronizado e com quem não sabia trabalhar com ele. Consegui que me contasse a sua pior experiência na exército e como acabara por resolvê-la. Quando atingiu o estado emocional que eu pretendia, retomei o assunto que tínhamos em mãos, isto é, voltei a insistir que era preciso instalar devidamente as unidades do novo sistema. Alterei quase imediatamente o seu raciocínio de "um de nós ganha e o outro perde" para "estamos nisto juntos; que podemos fazer para que isto resulte?" Passados dez minutos já tinha uma solução (depois de subtilmente orientado) que poria termo ao impasse. No fim da nossa conversa disse: "Estes tipos têm é de ser criativos, como nós éramos; têm de perceber que são pagos para resolver problemas. E vou já tratar disso". Resultado? As vendas foram óptimas e a relação com o fornecedor do sistema mantém-se até hoje.

A partilha de experiências comuns pode ajudar o processo de persuasão, conforme acabei de demonstrar.

> É mais fácil persuadir alguém com quem se estabeleceram cumplicidades, com quem se estabeleceu uma relação, do que com alguém que se acabou de conhecer.

Mas atenção, também pode ser facilmente persuadido por essa pessoa, por isso evite certas intimidades se estas não forem do seu interesse. Conheça aqueles que quer persuadir. Quanto mais pessoal for a relação, melhor. Descubra aquilo de que gostam e de que não gostam. Procure compreender os seus esquemas nas mais diversas áreas, como as vendas, a persuasão, o seu produto, a sua indústria.

---
* **N.T.** Tecnologias de Informação.

Tudo o que possa vir a ser-lhe útil mais tarde. Procure compreender as suas preocupações e os problemas que querem resolver, dê-lhes a entender que sabe alguma coisa sobre eles. Deve conhecer melhor aqueles que pretende persuadir do que eles devem conhecê-lo a si. Estes devem conhecer a sua reputação e identidade pública, e ter uma vaga ideia da sua personalidade para sentirem que têm informação privilegiada, mas nunca o suficiente para o dominarem. Deve manter uma certa distância, cultivando ao mesmo tempo uma certa familiaridade para poder atingir os seus fins com êxito. Num inquérito levado a cabo pelo *New York Times*/CBS News Polls, em 1999, 85 por cento dos inquiridos diziam que esperavam honestidade de quem conheciam pessoalmente.

Este inquérito mostra como é importante conhecer as pessoas e estabelecer um certo grau de familiaridade. Curiosamente, quanto mais conhece uma pessoa – independentemente de esta o conhecer bem ou não –, mais esta se sente familiarizada consigo. Leve o tempo que for preciso para conhecer bem quem tenciona persuadir. Se não puder conhecê-la pessoalmente, tente conhecê-la o melhor possível informalmente, através de pesquisas, para poder planear as suas perguntas e, assim, preparar o terreno para o processo de persuasão.

Todos os seres humanos gostam que os outros falem de si e de saber que os outros os conhecem. Se fizer previamente umas buscas no Google, pode encontrar referências que a pessoa em causa desconhece por completo. O Google tem actualmente uma nova ferramenta chamada Google Answers, que faz as pesquisas por si mediante pagamento, que pode oscilar entre um e 200 dólares. Quando fiz pesquisas para este livro encontrei muito material interessante por menos de cinco dólares, sendo que a maioria das respostas era bastante detalhada. Se não quiser ter tanto trabalho pode sempre recorrer aos préstimos de investigadores bibliotecários, visto estes não cobrarem honorários pela ajuda prestada. Em última análise, e como não há melhor fonte de informação do que as pessoas mais próximas daquela que quer conhecer, o melhor é usar a sua rede de contactos para identificar pessoas que possam ser comuns e reunir, previamente, o máximo de informação possível.

Reunida a informação, use-a. Oriente a conversa de forma a poder utilizar os dados que recolheu.

> Use-os para mostrar que conhece a pessoa em causa ou as suas posições, mas apenas com o objectivo de obter novos detalhes que lhe permitam estabelecer afinidades e reunir ainda mais informações pessoais.

Partilhe alguma da sua informação para tornar a conversa mais fluida. Partilhe referências, experiências ou amigos comuns para criar um ambiente mais familiar. Não deixe morrer essa familiaridade, pois pode ser uma excelente âncora no futuro. Faça um telefonema ou envie uma carta para manter viva essa memória.

Como pôr em prática a familiaridade

Quando vou a feiras, tenho o hábito de escrever nas costas dos cartões de visita o que aprendi sobre o respectivo titular. No aeroporto, enquanto espero pelo próximo voo, organizo os cartões por ordem de relevância e telefono às pessoas mais importantes, dizendo qualquer coisa como: "Dan, fala Dave Lakhani da Bold Approach. Estou no aeroporto e dei por mim a pensar na conversa que tivemos sobre a Shriner. Parece-me que já não há muitos como nós, por isso sabe sempre bem conhecer alguém que partilha a mesma opinião. Obrigado pelo tempo que me dispensou. Espero que a feira tenha corrido particularmente bem para si e que possamos continuar a nossa conversa na próxima semana. Já agora, gostava de saber uma coisa: alguma vez visitou o Children's Hospital da Shriner em Salt Lake City? Também gostaria muito que me falasse um pouco mais sobre as suas experiências com a Shriner. Tenha um bom dia. Deixo-lhe o meu número de telefone se quiser contactar-me entretanto. Teria muito gosto em falar consigo."

Um gesto tão simples como um telefonema a reforçar os aspectos que temos em comum resulta, frequentemente, em excelentes amizades, proveitosas quer pessoal, quer profissionalmente. Para mais, descubro sempre que tenho qualquer coisa em comum com praticamente toda a gente, seja uma equipa desportiva, a passagem pela tropa, o facto de ter crescido ou vivido numa dada região do país ou do mundo ou, muito simplesmente, que ambos temos filhas.

É possível descobrir aspectos familiares em quase tudo. Quando sei onde fica sediada uma empresa, pergunto se os donos são de lá. Por vezes, a reposta é "sim", mas é mais frequente ouvir "não" e com ela vem a explicação: donde são, como foram lá parar e como tudo aconteceu. Uma simples pergunta permite-lhe obter informações preciosas, tornando-se assim mais fácil encontrar pontos em comum que poderá usar para criar um ambiente de familiaridade. A familiaridade vai permitir-lhe, por sua vez, adquirir a credibilidade e o poder de outra pessoa, situação, organização ou evento, fortalecendo a sua posição.

Se tiver de persuadir grupos de pessoas, mas não teve tempo para desenvolver elevados níveis de familiaridade, procure tirar partido das experiências que possam ter em comum. Das pessoas que estão sentadas à sua frente, praticamente todas já terão assistido a uma reunião aborrecidíssima ou ouvido um orador que lhes deu sono. Fale sobre essa experiência e explique por que razão não vai ser assim consigo. Dê-lhes sinais tangíveis para que possam relacioná-los com os aspectos mais penosos de uma reunião: cadeiras desconfortáveis, por exemplo, ou ter alguém com uma cabeleira volumosa à sua frente. Depois, passe para outro plano familiar, explicando-lhes como esta experiência será muito diferente das outras. Crie uma nova experiência que possa ser partilhada e em que possa liderar.

Chegou o momento de analisar as suas amizades, independentemente de quem quer persuadir ou de como irá fazê-lo, de estipular quais poderão beneficiar de um maior nível de familiaridade e de deitar mãos ao trabalho. Todos os esforços que fizer no sentido de criar um ambiente mais familiar, de melhorar os níveis de conforto e de familiaridade, serão altamente compensadores.

Resumo

- Temos tendência para gostar e confiar em quem se parece connosco.
- A familiaridade promove a confiança.
- Deve sempre tentar saber algo sobre quem quer persuadir. Neste caso, é melhor receber (informação) do que dar. Aquele que tiver mais informações sobre o outro terá também mais trunfos no jogo da persuasão.
- Procure transferir as conversas persuasivas do plano de um universo comum para o plano de uma nova experiência criada em conjunto.

Pergunte a si próprio:

- Em que relações devo aumentar o grau de familiaridade?
- Que perguntas posso fazer que me ajudem a encontrar pontos comuns e a criar um ambiente de maior familiaridade?
- Que experiências posso ter em comum com a maioria das pessoas e quais devo usar para criar rapidamente maior familiaridade?
- Que problemas têm em comum os que podem precisar dos meus produtos ou serviços?
- Que conhecimentos tenho em comum com alguém que quero influenciar hoje e que podem ter informação privilegiada sobre quem pretendo persuadir?

(9) Exclusividade e Disponibilidade

Neste capítulo irá aprender:
- a importância da exclusividade
- a importância da disponibilidade
- como pode potenciar estas duas situações em seu proveito

> *Porque há-de um homem inteligente desperdiçar o seu tempo com as maiorias?*
> *Já há muitos que o fazem...*
>
> G. H. Hardy

Exclusividade

Todos queremos ser exclusivos. Não só queremos ser únicos e singulares como queremos ser únicos nos grupos a que pertencemos, nos carros que conduzimos e nas roupas que vestimos. Frequentar uma escola de prestígio ou pertencer a um grupo de elite tem aberto portas aos que integram este universo. A Yale's Skull e a Crossbones são duas entidades que se destacam ao nível do Governo e da segurança nacional. Muitos políticos e empresários de sucesso são membros da Maçonaria.

Não basta pensar que é diferente (embora isso ajude) para atingir o estatuto da exclusividade, tem de desejar conhecer outros parecidos consigo. O facto de ser membro de organizações exclusivas permite-lhe encontrar, onde quer que vá, um amigo ou alguém com as mesmas afinidades. Mesmo que não encontre ninguém do grupo, encontrará sempre alguém desejoso de a ele pertencer.

O desejo de exclusividade é tão poderoso que praticamente todos deviam ter uma espécie de "círculo restrito". O círculo restrito é composto por aqueles que têm acesso especial à sua pessoa, ao conhecimento ou mesmo a produtos e serviços a que mais ninguém tem acesso. Muitas empresas e instituições sem fins lucrativos têm administrações profissionais ou voluntárias que as ajudam a gerir as respectivas organizações. Fazer parte de um conselho de administração é algo que todos os persuasores devem ambicionar. Quando os seus colegas de profissão e aqueles que tenciona influenciar se apercebem de que tem assento numa administração passam, em muitos casos, a tê-lo em maior consideração. Integrar um conselho de administração tem outras vantagens, pois não só lhe dá acesso exclusivo aos restantes membros da administração como aos membros de outras administrações. A prestação de um serviço exclusivo permite-lhe,

9 | Exclusividade e Disponibilidade (113)

antes de mais, realçar a sua identidade, bem como reforçar o acesso que tem a certas pessoas e/ou entidades.

Os conselhos de administração têm ainda outra vantagem: dão-lhe a oportunidade de criar um grupo exclusivo de conselheiros a quem tem acesso imediato. Os grupos de "cérebros"* popularizados por Napoleon Hill no seu conhecido livro *Think and Grow Rich***, são grupos extremamente exclusivos, aos quais é praticamente impossível aceder.

As organizações sem fins lucrativos procuram tirar partido dessa exclusividade para angariar fundos para as suas causas. Os doadores podem ver o seu nome no jornal, mas os grandes doadores ganham, acima de tudo, reconhecimento – podem ser membros de "prata" e é nessa condição que são citados na imprensa. O nome dos principais doadores surgirá, muito provavelmente, na secção de agradecimentos, em placas comemorativas e em prémios que celebram a sua generosidade. Só poderá igualá-los fazendo donativos iguais ou superiores.

Hoje em dia, o meu círculo restrito congrega alguns dos melhores conselheiros de todo o mundo. Estou certo de que reconheceria os seus nomes e que adoraria ter acesso a essas pessoas. Mas isso só é possível se fizer como eu fiz, ou seja, conhecendo alguém que o introduza nesse círculo e que lhe dê uma oportunidade para mostrar o que vale.

Também tenho um círculo restrito de clientes com quem partilho algumas informações altamente confidenciais, com quem falo pessoal e regularmente para garantir o seu sucesso ao nível da persuasão. Rejeito mais de metade dos pedidos de quantos pretendem entrar para o grupo com base em critérios éticos, emocionais, financeiros e de afinidade. Apenas me interessa quem está altamente dedicado, motivado e que possa trazer resultados. Porquê? A resposta é muito simples. Só assim é possível progredir, fazer negócios, desenvolver e testar estratégias de persuasão específicas.

Alguns dos melhores vendedores e negociadores mundiais pertencem a este grupo, e não aceitam que o seu carácter exclusivo se dilua. Razão por que este grupo nunca excede cem indivíduos em todo o mundo. É preciso que alguém morra ou se desvincule para se equacionar a entrada de um novo elemento. Sublinho, porém, que

---

* **N.T.** No original *mastermind*.
** **N.T.** Fawcett. Nova Iorque,1969.

essas cem pessoas gerem anualmente milhões de dólares em trocas comerciais. Imagine que tinha acesso a algumas destas ilustres figuras e respectivas agendas telefónicas... Acredite em mim, as possibilidades são infindáveis.

Apercebeu-se do seu crescente entusiasmo à medida que fui descrevendo o grupo? Reparou como a curiosidade que suscitei o levou a pensar se estaria à altura? Tentou imaginar as vantagens que adviriam para o seu negócio se conseguisse "entrar para o clube"? Quem responde logo "não" fica imediatamente excluído, por não se enquadrar na lógica do grupo. Quando criamos uma coisa exclusiva, só nos interessa envolver pessoas também elas muito específicas. As que não nos interessam são, normalmente, as que nem sequer se sentem atraídas pela ideia de exclusividade.

A exclusividade é igualmente importante para a persuasão por outro motivo: a exclusividade é previsível. Os membros do grupo seguem mais facilmente as acções dos restantes membros do que de elementos exteriores a ele. Os membros tendem, por norma, a responder positivamente a ofertas especiais ou a pedidos de ajuda, bem como a fazer apresentações ou recomendações.

A pergunta que deve colocar a si próprio é: "Como posso criar um ambiente de exclusividade para as pessoas que quero persuadir?" Para a maioria a resposta é relativamente simples. Primeiro, pode começar por promover um evento restrito a um reduzido número de pessoas, que tanto pode ser a apresentação de um novo produto como o anúncio de uma profunda transformação na sua empresa. Pode nomear um conselho de administração que integre quem mais lhe interessa persuadir ou criar um grupo de "cérebros" altamente exclusivo.

Há muitas maneiras de criar um ambiente exclusivo para os seus clientes. Eis algumas ideias para começar:
- Crie um grupo especial que tenha por missão receber informação extremamente específica ou ofertas especiais apenas a ele dirigidas, ou que as receba antes de outros.
- Crie um grupo particularmente restrito e de adesão controlada com acesso a outras pessoas ou oportunidades que, de outra forma, seriam inacessíveis.

9 | Exclusividade e Disponibilidade (115)

- Crie um clube ou grupo com dimensão internacional, que se baseie exclusivamente nos gostos dos seus membros. A Red Hat Society e a revista da Company of Friends, a *Fast Company*, são dois excelentes exemplos. Mulheres com mais de 50 anos (e mesmo mais novas), que querem celebrar a vida antes de atingir uma certa idade, reúnem-se regularmente (e usam chapéus vermelhos) para conversar e beber chá. O objectivo da *Fast Company* é promover encontros regulares entre leitores que partilham os mesmos gostos para estabelecer uma rede de amizades. Ambas as iniciativas se restringem a grupos que querem identificar-se exclusivamente em público e que daí esperam obter algum ganho. Este pode ser unicamente emocional, mas pode também ser financeiro.
- Crie um programa que exija qualificações muito específicas para que a ele se possa pertencer ou participar.
- Limite determinadas vendas ou ofertas a quem despendeu elevadas somas de dinheiro com a sua empresa no último ano. Dê-lhes a conhecer o programa que criou expressamente para outros como eles e diga-lhes o que podem ganhar se aderirem.
- Faça uma lista das pessoas que conseguem chegar até si em toda e qualquer circunstância... e, depois, comunique-lhes que fazem parte desse grupo.

A exclusividade está intimamente ligada à identidade. Os clientes ou as pessoas que pretende persuadir gostam de uma certa distinção e, por isso mesmo, gostam de ter a certeza de que os outros sabem quem são e de que conhecem os princípios que defendem. Observe o seu comportamento e descubra aquilo por que querem ser conhecidos, posicionando estrategicamente a sua oportunidade exclusiva de forma a satisfazer plenamente os seus desejos.

Lembre-se de que há uma diferença importante entre secreto e exclusivo. Poucos são os que não desejam ser conhecidos pelo que fazem. A maioria, por muito pequeno que seja o grupo ou por muito altruístas que sejam as suas metas, gosta de ser reconhecida por pertencer a uma dada organização. Apreciam certamente uma certa aura de mistério em torno do que fazem e de como o fazem, mas querem que os outros anseiem por pertencer ao grupo (se assim não fosse, a organização seria particularmente efémera). Quase todos preferem uma adesão controlada e gostam de sentir que só depois de muito esforço se pode fazer parte dos eleitos.

Disponibilidade

Tendemos a agir quando a oferta é escassa. Todos os anos, por altura do Natal, há um brinquedo que todos têm de ter... mas quando descobrem que assim é, também descobrem que está esgotado. Apesar disso, são capazes de tudo para obter o tão desejado e indisponível brinquedo. São, pois, capazes de pagar dez ou cem vezes mais para o terem. Os leilões são outra forma de escassez por que todos nós já passámos. Muitos artigos são vendidos pelo mesmo preço ou por um valor muito superior ao que custaram ainda novos porque alguém receia ficar sem o produto, perdendo um excelente negócio.

A disponibilidade pode revelar-se uma ferramenta particularmente valiosa para o especialista em persuasão, levando-o a agir de imediato. Recomendo que use a disponibilidade de duas formas: a primeira para limitar a acessibilidade de um produto; a segunda para limitar o número de produtos disponíveis a um dado preço, ou que incluam ofertas especiais, para poder imediatamente tirar partido da sua oferta.

> Quando começa a controlar a disponibilidade também cria exclusividade.

Quem consegue comprar o seu produto, ou quem obtém um produto que inclui uma oferta especial, passa a ter algo que a maioria não tem. O controlo da disponibilidade pode ainda aumentar o desejo através da estratégia de subida de preços. Se comprar hoje custa 99 dólares. Se esperar e comprar amanhã, custa 125 dólares e se esperar até sexta-feira já custará 150 dólares. A cada dia que passa a pressão aumenta para quem hesita.

Sempre que adopto este tipo de estratégia, existe quem me contacta assim que termina a oferta, desculpando-se, dizendo que lhes foi impossível vir mais cedo e que deviam poder pagar o preço original. Querem o produto mas esperaram tempo de mais. Raramente lhes vendo o artigo pelo preço mais baixo para os obrigar a tomar uma decisão mais rápida da próxima vez que fizer uma oferta. Se apresentarem uma razão legítima, que justifique por que não aproveitaram oportunamente a oferta, e se ainda houver artigos disponíveis, poderei considerar a possibilidade de os vender ao preço mais baixo.

O problema da disponibilidade limitada e da venda do artigo pelo preço mais baixo a quem não pôde comprá-lo oportunamente é apenas um: condiciona-os a não tirar partido da iniciativa. Percebem que podem obter esse mesmo produto mais tarde e ao mesmo preço. Muitos *marketers* que operam na Internet cometem o erro de promover uma venda, de a prolongar e de oferecer o preço mais baixo a quem o pedir. Se o fizer, nunca conseguirá obter a margem de lucro que ambicionou e apenas conquistará maus clientes.

O desconto é, tecnicamente, uma forma de limitar a disponibilidade de um dado preço. Quando optar pelo desconto tenha o cuidado de não condicionar os outros, levando-os a pensar que haverá sempre desconto ou que é uma estratégia recorrente. Uma das maiores cadeias norte-americanas de artesanato faz isso todos os domingos. Basta consultar o jornal local nas cidades onde a cadeia opera e verá que há sempre um vale de desconto de 40 por cento sobre um determinado artigo. Não existe um motivo para pagar o preço original por alguma coisa na loja, especialmente em grande quantidade. Entendo perfeitamente a lógica subjacente: as pessoas vão comprar o artigo que tem 40 por cento de desconto e acabam por gastar muito mais e, se assim for, tanto melhor.

Pessoalmente, prefiro condicionar os meus clientes de outra forma. Ou seja, só faria um desconto aos melhores clientes, aos que sei estarem fidelizados devido aos seus hábitos de compra, e premiá-los-ia pela sua fidelização. Lembre-se de que os clientes que aceitam regularmente os descontos que lhes propõe não deixarão de fazer o mesmo em relação aos seus concorrentes.

A disponibilidade passa igualmente pela construção da sua identidade. Se limitar o acesso à sua pessoa e à informação que permite um contacto pessoal, cria exclusividade. Torna-se, pois, urgente contactá-lo, fazer negócios consigo mal surja uma oportunidade.

Não deve de modo algum recorrer a esta técnica para evitar as pessoas com quem deve falar. Utilize-a somente para dar a entender que está ocupado e que é muito requisitado.

Os profissionais que valem o que ganham não são fáceis de aceder; estão muito ocupados a ajudar os seus clientes mais fiéis.

Uma estratégia possível passa por uma gestão rigorosa da sua agenda. Informe a recepcionista dos nomes daqueles para quem está sempre disponível e em que altura do dia poderão falar consigo. Também deve deixar claro o que quer que ela diga. Por exemplo: "Hoje, o John só pode falar consigo às 15.45 e apenas durante 15 minutos. Pode ser?" É urgente marcar. Diga à recepcionista para sugerir uma alternativa para o próprio dia, se tiver disponibilidade, para o dia seguinte ou para quando tiver um momento livre na sua agenda.

Neste momento, alguns leitores dirão: "Não tenho recepcionista. Sou eu que atendo as chamadas". Deixe-se disso e arranje uma solução. Um serviço de atendimento *online* não lhe custa mais de uns cêntimos por dia. Claro que há muitos executivos que vão dizer-lhe que atendem as chamadas, e atendem de facto. Mas os únicos que têm o seu número directo são as tais pessoas exclusivas, que só o são porque o próprio lhes deu o número directo. Se faz realmente questão de atender as chamadas, utilize o mesmo processo. Marque uma hora para esse dia ou para o dia seguinte na sua agenda.

A exclusividade e a disponibilidade são a chave para o sucesso, quer o seu objectivo seja criar uma seita religiosa, quer seja fidelizar clientes. Os clientes querem ser recompensados, querem fazer parte do grupo dos eleitos e querem ser gratificados pela sua excelência e pela rapidez das suas acções. No tempo em que vivi segundo os preceitos da seita religiosa de que lhe falei, o céu e a eternidade eram a minha recompensa. A oportunidade de falar ou de estar com o líder da seita tinha efeitos semelhantes, pois isso fazia de mim uma pessoa especial, exclusiva e com acesso a um círculo restrito. A partir daí, era fácil acreditar nele. Era isso que fazia com que nos distanciássemos de um mundo que, diziam, caminhava para o inferno. A disponibilidade era, por isso, muito limitada. Se não me decidisse pelo "agora", "amanhã" seria obviamente tarde de mais.

Pergunte a si próprio o que pode dar aos seus clientes que eles possam moldar e em que possam acreditar. Descubra o quê e deixe entrar no grupo aqueles clientes que realmente querem entrar. E não se preocupe: o grupo acabará por crescer porque os membros existentes são, afinal, os missionários que recrutam outros para serem como eles. E como bem sabe, é muito mais fácil persuadir quando existe transferência de poder e credibilidade.

Resumo

- Quanto mais fizer sentir a alguém o seu valor exclusivo, mais probabilidades terá de persuadir.
- Os grupos exclusivos são mais fáceis de persuadir do que os grupos genéricos.
- A exclusividade é um aspecto-chave na construção de uma carteira de clientes ou de marcas.
- A exclusividade está intimamente ligada à identidade. Reforce a ligação existente entre a identidade de cada um e a exclusividade, e verá que partilham mais rápida e facilmente o seu ponto de vista.

Pergunte a si próprio:

- A quem devo atribuir exclusividade no meu círculo de influência, na minha base de clientes ou de potenciais clientes?
- Que posso fazer para que as pessoas se sintam parte integrante? Uma *newsletter* ou uma edição especial?
- A que grupos exclusivos estou associado e quais posso partilhar com quem quero persuadir, convidando-os a aderir?

(10)
Curiosidade

Neste capítulo irá aprender:
- a relação entre a curiosidade e a mudança
- como criar curiosidade

> *A curiosidade é a primeira emoção, e a mais simples, que associamos à mente humana.*
>
> Edmund Burke

> *A curiosidade matou o gato, mas a satisfação deu-lhe nova vida.*
>
> Eugene O'Neill

Das emoções com carácter persuasivo a curiosidade é, sem dúvida, a mais importante. A maioria dos livros sobre vendas e persuasão considera a dor e o prazer emoções-chave, muito embora este raciocínio esteja parcialmente incorrecto. É a curiosidade que nos move numa ou noutra direcção e que nos leva a conhecer os seus limites – mínimos ou máximos. A curiosodade é a primeira emoção que experimentamos; é o alicerce sobre o qual construímos os nossos conhecimentos e experiência. A curiosidade é o motor da mudança.

Muitas vezes, a persuasão não chega a ter efeito pelo facto de não termos desenvolvido a nossa curiosidade.

> Com efeito, a mudança de opinião só tem lugar quando é desenvolvida alguma curiosidade sobre outros pontos de vista.

O acto de perguntar é uma ferramenta essencial para o desenvolvimento de elevados níveis de curiosidade, e uma alavanca para os outros chegarem às conclusões a que pretende que cheguem.

Para persuadir terceiros tem de, primeiro, descobrir aquilo que desperta a sua curiosidade. O que pode levá-los a questionar a sua própria opinião, a querer saber se está errada ou se não é eficaz. Ou mais importante ainda: como podem saber se tomaram a decisão certa? Se souber a resposta a estas duas perguntas, ficará uns bons passos à frente da concorrência.

Uma das primeiras perguntas que coloco quando quero persuadir é uma versão desta questão: "Como define sucesso ou como pode saber se está no bom caminho?" Todos esperam um determinado desenlace para as decisões que tomam. Grande parte daqueles que não tomam decisões cede à inércia porque não faz ideia como pode confirmar o seu grau de sucesso. O mais interessante nesta pergunta é a curiosidade que suscita nos outros, pois são raras as vezes que ponderaram sobre a resposta. O hiato a preencher desencadeia a sua curiosidade, uma vez que têm de fazer perguntas e encontrar as respectivas respostas. Este é, pois, o momento ideal para o persuasor apresentar novas ideias, porque já existe curiosidade.

Nunca é de mais sublinhar o quão importante é que a pessoa persuadida lhe diga "quando" percebeu que estava a caminho do sucesso. A pergunta "Como é que sabe?" resume os principais critérios que cada um aplica a um produto, serviço ou, inclusive, a uma ideia que possa ter. Se conseguir que lhe descrevam exactamente o que querem, está a meio caminho de saber a resposta à pergunta "quando percebeu quando seria?"

A segunda parte do processo é conseguir que lhe digam como souberam que tinham tomado a decisão certa. É importante perceber este processo, isto é, saber como tiveram essa certeza, para que a solução que tenciona apresentar-lhes seja válida ao ponto de os persuadir a aceitá-la.

Há muitas maneiras de despertar e de alimentar a curiosidade. Tecer considerações provocatórias que envolvam perguntas é uma forma de despertar a curiosidade em quem pretende persuadir. As declarações provocatórias podem incluir factos ou suposições surpreendentes sobre o produto, serviço ou conceito em análise. Uma declaração inesperada pode levar os outros a reflectir sobre o assunto em questão de uma maneira totalmente diferente. Se ajudar alguém a desenvolver uma nova abordagem, a curiosidade e as perguntas serão inevitáveis. As declarações que suscitam perguntas colocam os outros numa situação diferente, pois sentem que precisam de mais informação. E se souber posicionar-se estão reunidas as condições para ser a sua primeira fonte de informação.

A informação detalhada pode igualmente suscitar forte curiosidade. Quando somos confrontados com informação que não compreendemos, temos forçosamente de investigar e decidir. Durante este processo, a nossa mente mantém-se mais aberta, disponível para aceitar a mudança. Devemos, pois, aproveitar esses momentos para incutir em nós um novo nível de curiosidade relativamente às velhas convicções e às novas soluções.

Questionar directamente convicções e ideias feitas pode ser uma técnica particularmente eficaz para fomentar a curiosidade. Para ser bem sucedido precisa de muito tacto. Há uma grande diferença entre questionar e desafiar uma ideia feita. Os desafios são na sua natureza mais frontais e colocam as pessoas numa atitude de defesa. O acto de questionar, pelo contrário, constitui um incentivo, levando-as a falar abertamente sobre as suas ideias ou convicções. Esta abertura vai permitir-lhe fazer perguntas mais incisivas que as levem a reconsiderar, e mesmo a questionar as suas posições. Muitas, quando questionadas directamente, reconhecem prontamente não saber por que acreditam em determinadas coisas ou admitem que mantêm uma dada convicção porque a "herdaram" dos pais ou do marido ou mulher. O acto de questionar directamente é a prova de que está disposto a aprender, ao mesmo tempo que reúne informação útil para exercer a persuasão. Ao orientar as suas perguntas pode, igualmente, encaminhar os outros para o seu ponto de vista ou para as conclusões que havia previamente definido.

Contar uma história deixando de fora aspectos importantes, ainda que fazendo breves alusões aos mesmos, é outra das formas de despertar a curiosidade. O facto de omitir alguns dados, embora os refira superficialmente, ou de facultar informação dando a entender que fornecerá mais tarde dados adicionais constitui, na prática, uma variante da técnica de questionário directo. Quando facultamos informação parcial, os outros tendem a preencher os "espaços em branco". Importa, por isso, testá-los para ter a certeza de que os irão preencher devidamente. Se não o fizerem ou se lhe colocarem novas perguntas, deve voltar atrás e dar-lhes a informação necessária para completarem a história. A omissão apenas visa fazê-los pensar e questionar. No Capítulo 5, a que chamei "Contar Histórias", recorro a esta técnica para despertar no leitor uma crescente curiosidade.

Vou ensinar-lhe uma *password* especial que deixa as pessoas imediatamente curiosas. Pergunte-lhes frontalmente o que mais lhes desperta a curiosidade. É importante que use o termo *curiosidade*, pois é isso mesmo que vai torná-las mais curiosas enquanto ponderam sobre o que desperta a sua curiosidade. Tenho por hábito perguntar: "O que é que verdadeiramente desperta sua curiosidade em relação a este produto ou serviço?" Se eu e o leitor estivéssemos frente a frente, fazia-lhe ainda outra pergunta: "Qual o aspecto da persuasão que lhe suscita maior curiosidade?" Depois, aguardaria a resposta. Obtida a resposta, perguntaria: "Só isso?" Esta simples pergunta obriga-o a regressar ao processo interno de questionário e resulta, muitas vezes, em mais informação.

Um dos aspectos-chave quando queremos conquistar seguidores é saber todas as respostas. Quando se orientam as perguntas e a curiosidade, facilmente conseguimos dar a ideia de que sabemos todas as respostas. E a partir do momento em que conquistou o estatuto de especialista, está criada a oportunidade de orientar as perguntas. O ideal é fazer perguntas a que o seu produto ou serviço possam dar uma resposta positiva. No caso de uma seita, muitas dessas perguntas requerem aturado estudo e ponderação. Como é óbvio, se controlar as perguntas também poderá controlar as respostas e as fontes que as pessoas poderão utilizar para obter essas mesmas respostas. Em última análise, numa seita tudo aquilo que não se explica implica, forçosamente, um elevado grau de fé.

No mundo dos negócios ou nas relações pessoais, tudo o que não tem explicação obriga a um estudo ainda mais aprofundado. Quanto mais aprofundar esse estudo, mais facilmente poderá orientar as conclusões. Porquê? É muito simples. As pessoas não gostam de perder tempo e preferem ser lideradas. Gostam de se sentir curiosas, mas apenas por breves instantes. O objectivo é satisfazer imediatamente essa curiosidade. O desejo de satisfação faz com que adoptem a primeira solução que faça algum sentido.

Uma das formas mais interessantes de ver como funciona a curiosidade é analisando a relação entre um homem e uma mulher. Se quer sair com alguém, o segredo está em despertar a sua curiosidade para dar lugar ao desejo de saber mais sobre alguém que parece misterioso e enigmático. O apelo é irresistível e a outra parte só descansa quando satisfizer plenamente a sua curiosidade. E, se nada fizer durante o processo de descoberta, a outra parte descobrirá mais tarde ou mais cedo o que precisa para tomar uma decisão.

Mas se alimentar a sua curiosidade, se dando-lhe algumas pistas satisfizer parte dessa curiosidade, ao mesmo tempo que acentua a sua aura misteriosa, então conseguirá que a outra pessoa queira saber ainda mais. Quanto mais tempo esta passar consigo (e o analisar), mais familiar se tornará. Em vez de o encararem como alguém que persegue, ficam também com vontade de saber mais, e através da curiosidade tornam-se susceptíveis à persuasão.

Os líderes das seitas, bem como os manipuladores natos, sabem disto e jogam aqui todos os seus trunfos. Ou seja, facilitam a descoberta da verdade, na condição de o terem cada vez mais sob controlo. Toleram as suas perguntas apenas no início. Mas à medida que ganha confiança e à-vontade vai também deixar de colocar dúvidas e passar a reproduzir o que lhe é dito. Em suma, a seita alcançou o que pretendia. Para inverter a situação, terá de reanalisar as suas decisões e afirmar a sua curiosidade, caso contrário nunca mais retomará o processo de questionário.

Importa ter presente que a curiosidade gratuita apenas leva ao atraso da tomada de decisões. Assegure que inicia a curiosidade e que tem um plano que conduzirá quem quer persuadir à informação que quer que descubra e às decisões que quer que tome. Para o persuasor o objectivo da curiosidade é "rasgar" convicções mais arraigadas e pôr em causa as tradições que nunca haviam sido questionadas.

Resumo

- Suscite a curiosidade sempre que possa; a curiosidade é o motor da mudança.
- Faça perguntas inteligentes, pois só assim irá despertar a curiosidade; questione directamente as convicções e as ideias feitas.
- Lembre-se que quando as pessoas estão curiosas a mudança é possível.
- A curiosidade visa, antes de mais, orientá-lo na descoberta de novas informações para que os outros tomem a única decisão lógica possível... aquela que queria que tomassem.

Pergunte a si próprio:

- Que perguntas posso fazer para despertar a curiosidade dos meus potenciais clientes?
- O que será que a maioria dos potenciais clientes desconhece ou não compreende? E se conhecessem ou compreendessem, o que poderia levá-los a chegar a novas conclusões?
- Que informação poderei omitir para que os potenciais clientes coloquem as perguntas certas?
- Que informação devo mencionar para chegarem à conclusão que pretendo e que lhes permite preencher os "espaços em branco" da minha história?

(11)
Ser Relevante

Neste capítulo irá aprender:
- o que significa ser relevante
- a ligação entre relevância e familiaridade
- como a relevância se relaciona com a persuasão

> *O seu discurso ou ideia têm de ser relevantes de imediato ou aniquilo-o com a minha apatia.*
>
> Dave Lakhani

É normal não nos deixarmos persuadir quando o que nos dizem não é relevante ou não se enquadra no nosso perfil. Se der uma vista de olhos rápida à sua caixa de correio electrónico, verá que as ofertas que lhe são dirigidas surgem por preencher um dado número de requisitos. O verdadeiro problema é que são totalmente irrelevantes para si. E torna-se ainda pior pelo facto de sermos inundados, diariamente, com *mails* ou *spam* que não nos interessam.

Ser relevante passa, assim, por me facultarem informação que realmente me interessa com base nos meus desejos e necessidades reais. Ser relevante é um conceito que deve aprofundar-se quando falamos de persuasão. E aplica-se igualmente ao tipo de mensagens que enviamos. Tem de tentar perceber como eu me vejo para saber o que é, de facto, relevante para a minha pessoa. Tem também de ajustar a sua identidade, seja pessoalmente, seja através de publicidade, personalizando o seu discurso.

Ser relevante significa que investiu parte do seu tempo a conhecer-me melhor para me servir melhor. Relevância tem um sentido mais profundo do que persuasão e aplica-se às várias mensagens que enviamos. Tem de se questionar como me vejo para saber o que é importante para mim. Também tem de ajustar a sua identidade, quer pessoalmente, quer através de publicidade, para me agradar especificamente.

Ser relevante também significa que despendeu tempo para me conhecer, para me compreender como indivíduo ou como um grupo específico, para que me consiga servir melhor. Quer dizer que sabe o que é importante para mim em termos pessoais e profissionais, nos tempos livres e nos meus momentos mais íntimos. Quer ainda dizer que conhece como organizo o meu tempo e sabe perfeitamente qual é o melhor momento para me apresentar uma ideia ou fazer uma proposta. Para isso, não é forçoso que me conheça pessoalmente. Na verdade, conhece-me por ter analisado outros como eu. Faz mais perguntas do que dá informação e quando o faz vai directamente ao encontro das minhas necessidades. Pode, aliás, ler-me o pensamento por saber exactamente o que quero e o que posso obter da relação que mantenho consigo. Feito isto, passa a ser especialmente relevante para mim. Existe uma diferença pequena entre ser relevante e os benefícios mútuos da nossa relação.

Um estudo desenvolvido pela Yankelovich Partners e divulgado por J. Walker Smith, da Associação Americana de Agências de Publicidade em Abril de 2004*, revela que 59 por cento dos inquiridos consideram "a maioria das acções de *marketing* e publicidade pouco relevantes". O estudo revela ainda que 33 por cento não se importariam de ter padrões de vida ligeiramente inferiores se isso lhes permitisse viver numa sociedade sem *marketing* e publicidade.

É pouco saudável e quase criminoso pensar que se pode persuadir alguém a aceitar algo que não lhe interessa. Mas é o que acontece praticamente todos os dias. A velha ideia – "vendas e persuasão são um jogo de números" – está de tal forma enraizada que grande parte do *marketing* que hoje se faz acaba por cair em saco roto. O verdadeiro problema não é fazer ouvidos de mercador, é registar todas as informações irrelevantes que, somadas, vão deitar por terra os seus esforços. Como resultado as pessoas tornam-se não só defensivas, mas também apáticas. A melhor forma de não se deixar persuadir é mostrando-se apático face àquele que o quer persuadir. A apatia é uma defesa que leva tempo a construir, mas leva ainda mais tempo a ultrapassar.

Para persuadir alguém ou um estádio cheio de gente é fundamental que partilhe informação relevante para os seus desejos e necessidades. Sublinho o que disse: "relevante para os *seus* desejos e necessidades".

Todos com quem fala têm desejos e necessidades diferentes. Cabe--lhe a si identificá-los para lhes poder dar resposta.

> Deve ainda assegurar-se de que escolheu a pessoa certa para persuadir. Não vale a pena tentar persuadir alguém sobre algo que não lhe interessa.

---

* **N.T.** Conferência da Associação Americana de Agências de Publicidade, 15 de Abril de 2004, Miami, Florida.

Não há nenhum produto, serviço ou argumento e, mesmo que houvesse, surgiria sempre uma pessoa ou grupo com necessidades específicas que o abrigariam a moldar a sua resposta às particularidades em questão.

O melhor é perguntar a si próprio "por que razão esta pessoa é o alvo ideal para a minha mensagem?" Se responder a esta simples pergunta terá fortes probabilidades de encontrar a pessoa ou pessoas certas para fazer chegar a sua mensagem.

A pessoa mais repugnante para quem trabalhei geria uma consultora na área de tecnologia. Além de ser um indivíduo especialmente desonesto e sem princípios éticos, pensava que qualquer pessoa com quem falasse ou nós falássemos devia ser seu cliente ou, no mínimo, partilhar os seus contactos telefónicos. Mesmo quando não existia compatibilidade na experiência, ele encorajava as suas forças de vendas para apresentarem outros serviços que não estavam relacionados com as necessidades correntes, durante apresentações que estavam focalizadas nas necessidades dos clientes.

Tinha por hábito assistir à apresentação e, no fim, só pensava em conseguir contactos que o pudessem ajudar a arranjar novos clientes em determinadas áreas de negócio. Além de não ter noção de que a altura não era a certa, os seus apelos raramente obtinham resposta. Os presentes tinham a sua própria agenda e nela não constava arranjar-lhe novos clientes ou negócios. No fundo, seria o mesmo que ir ao médico e este perguntar-lhe, no final da consulta, se conhecia alguém interessado em comprar um carro porque também vendia carros. Perderia imediatamente toda a credibilidade. Este exemplo visa apenas demonstrar que se não conseguir ser relevante pode destruir novas oportunidades de negócio.

Mas não me interprete mal. Não estou a defender que não peça algumas sugestões, mas que há lugar e altura para tudo. Solicitar novos contactos faz parte do processo de venda. Mas só é oportuno fazê-lo depois de fechar um negócio com êxito. Outra altura será quando a pessoa que está a contactar decidiu não concretizar o negócio consigo por outros motivos que são incapacidade de desempenho da sua parte.

Quando perante um grupo de pessoas que pretende persuadir, coloque estas cinco questões:
• Alguma destas pessoas demonstrou apetência ou necessidade pelo meu produto ou serviço?

- Será que existe uma necessidade do meu produto mas que não é reconhecida? Estarão conscientes de que há um problema?
- Será o meu produto relevante para as suas apetências – em termos práticos e financeiros?
- Tem a certeza de que reuniu um grupo certo para mostrar que o seu produto ou serviço é relevante? Terão, pelo menos metade dos presentes, conhecimento, experiência ou problemas semelhantes aos que o seu produto, serviço ou ideia se propõem solucionar?
- Elaborou cuidadosamente a lista de pessoas que tenciona convidar para não as contactar em vão? Generalidades não são suficientes; como indivíduos do sexo masculino na casa dos 40, rendimento anual superior a 70 mil dólares e dono de carro desportivo já passaram à história. Deve ser mais preciso: indivíduo do sexo masculino entre os 35 e os 45 anos com um rendimento nunca inferior a 100 mil dólares, conduz um Porsche Boxster ou BMW Z3, compra fatos pelo menos uma vez por mês. Quanto mais souber sobre o potencial cliente, mais probabilidades terá de ser relevante.

Dispondo de todos os elementos, se for capaz de identificar com rigor as minhas necessidades, é muito provável que consiga elaborar uma apresentação ou ideia que seja relevante para mim. O último passo é precisamente esse: *ser relevante*. Se a sua identidade e estilo não corresponderem aos critérios que considero relevantes em quem estou disposto a confiar, a quem quero ouvir e comprar, e com quem posso vir a manter uma relação, então você torna-se irrelevante. E se isso acontecer não terá uma segunda oportunidade.

Quando inicia o processo de persuasão deve estar ciente de que compreendeu plenamente as expectativas dos potenciais clientes. Se não for esse o caso, pergunte-lhes directamente quais são essas expectativas. Fazer perguntas inteligentes à pessoa que pretende influenciar é a melhor forma de se tornar relevante. Ser relevante começa com a preocupação. Alguém que se preocupa comigo e com as minhas necessidades é, sem dúvida, mais relevante do que aqueles que apenas querem "tomar uns minutos do meu tempo para saber se alguma das minhas necessidades se enquadra nos seus serviços".

Seja relevante ou desapareça.

Resumo

- Quando não estiver preparado, mais de metade daqueles que tentar persuadir achará irrelevante o que quer que tenha para lhes dizer.
- A relevância está intimamente ligada à familiaridade. Se é relevante para mim é porque sabe coisas sobre a minha pessoa; e quanto mais souber mais familiarizado vai sentir-se.
- Escolha criteriosamente quem quer persuadir ou a quem quer fazer chegar a sua mensagem. É um pouco como no velho lema dos carpinteiros: medir duas vezes, cortar uma.
- Assegure-se de que a sua identidade, estilo e apresentação se enquadram no meu perfil, estilo de vida e negócio, ou personalidade, e tornar-se-á imediatamente mais relevante.

Pergunte a si próprio:

- Que medidas tomei para que a minha mensagem chegasse à pessoa ou grupo certos?
- Quais são os temas mais importantes que realmente poderão interessar à minha audiência?
- Como posso conhecer melhor aqueles que quero persuadir?
- O que posso fazer para desenvolver grupos de nicho nas massas com quem lido actualmente para me tornar mais relevante para elas?

(12) Transmitir Aceitação

Neste capítulo irá aprender:
- o impacto de transmitir a aceitação numa negociação
- como transmitir aceitação

> *Quando deixamos brilhar a nossa luz, temos consciência de que aceitamos que os outros façam o mesmo. Quando nos libertamos dos nossos medos, a nossa presença acaba também por libertar os outros.*
>
> Marianne Williamson

Quando me dirijo a grupos, sinto frequentemente que a "aceitação" é muitas vezes o tema que suscita mais dúvidas. Parece-me algo egoísta pensar que sou eu que vos aceito para fazerem negócio comigo, mas a verdade é que cada um de vós implora silenciosamente essa aceitação caso eu tenha feito bom trabalho, isto é, suscitado curiosidade, desejo, exclusividade. As vossas emoções estão ao rubro: "Deixe-me entrar, também quero fazer parte". Depois, basta justificar a vossa decisão.

Transmitir aceitação significa, na prática, que vamos fechar negócio ou que vou fazer com que chegue à conclusão óbvia, mas sem perder de vista os meus interesses. A diferença é apenas uma: quando "fecha" um negócio está implicitamente a pedir a alguém que faça negócio consigo, sabendo que é ele quem tem a última palavra. Quando transmite aceitação está a dar aos outros uma oportunidade limitada no tempo para iniciarem uma relação consigo; detém o poder. A aceitação depois de dada também pode ser retirada.

Ora, no contexto de uma seita, é muito fácil excomungar alguém que tenha sido aceite, mas despedir um cliente é muito mais difícil. Os excomungados, regra geral, arrependem-se e fazem tudo por tudo para voltar a cair nas suas graças, pois querem fazer novamente parte do grupo. Alguém despedido não reage da mesma forma.

Quando me dediquei ao estudo das seitas percebi que foi este o cerne das dúvidas que angustiaram a minha mãe anos depois de abandonar a seita e de, consequentemente, ter sido excomungada. Persistia a dúvida: talvez os princípios da seita estivessem certos, mas o que prevalecia eram o conforto e a aceitação que o grupo lhe transmitia. Existia ainda a ideia de que ela não conseguiria desligar-se enquanto as pessoas que lhe eram familiares continuassem envolvidas.

Isto porque lhe podiam recordar a qualquer momento a curiosidade e o desejo que a levaram a procurar a seita e a querer fazer parte dela.

No fundo, continuava à procura das respostas que a tinham iludido. Como muitas das pessoas que considerava suas amigas continuavam a viver segundo os preceitos da seita, o seu poder de atracção manteve-se bastante forte mesmo depois de ter decidido levar uma vida normal. Curiosamente, a minha mãe achava que nunca poderia ter pensamentos positivos sobre Deus e a religião comuns à seita (a maioria das suas crenças eram nefastas, salvo raras excepções) sem obter a sua autorização e a sua aceitação.

A importância de transmitir aceitação

É importante perceber o conceito de transmitir aceitação, devido à posição de poder subjacente. A aceitação tem o poder de agilizar a relação em seu favor, pois somente as pessoas com autoridade – e aquelas que, de alguma forma, enaltecemos (remeto aqui para o capítulo "No Reino dos Gurus") – nos podem transmitir aceitação. A partir do momento em que reúne as condições necessárias para transmitir aceitação também se posiciona como conselheiro de confiança. Só perderá esse estatuto se cometer um erro grave e se a sua audiência se vir obrigada a reavaliá-lo. Fora desse contexto está em condições de exercer uma importante influência na parte da vida da pessoa que mais se relaciona com o que você faz.

Já ouviu dizer que as pessoas imploram em silêncio para ser lideradas, que esperam que lhes diga o que devem fazer? É exactamente o que acontece no caso da persuasão. Quase todos nós, quando compramos alguma coisa, gostamos sempre que alguém nos diga o que fazer e nos garanta que tomámos a decisão certa. Por isso, a última coisa que precisamos de ouvir é que está tudo bem.

Os outros precisam, sim, do voto de confiança que a aceitação lhes traz para poderem, metaforicamente falando, fechar os olhos e cair-lhe prontamente nos braços sem receio de se magoarem. Só tem de facilitar o processo para se convencerem de que é isso mesmo que querem – só precisam que alguém lhes diga "façam". Quando diz a alguém para fazer algo consigo está implicitamente a transmitir aceitação para que o faça. Se o convidar para vir a minha casa, isso quer dizer que o aceitei para me visitar e, se o convidar a integrar a minha base de clientes especiais, isso também quer dizer que o aceitei para fazer parte do grupo. A aceitação é sempre reconfortante.

Em termos psicológicos, há muitas razões que nos levam a transmitir aceitação sem questionar por que o fazemos. Mas pense no seguinte: lembra-se de quando era pequeno e tinha de pedir licença para sair da mesa ou ir à casa de banho? Tinha de pedir a aceitação do seu pedido e, ao obtê-la, sabia que daí não adviriam quaisquer outras consequências, pois a aceitação viera de uma autoridade superior. Quando assume o papel de persuasor, e quando aceita, quem quer persuadir fica isento de responsabilidades porque foi você, a autoridade superior, que o aceitou.

Há muitas formas subliminares de transmitir aceitação. A melhor será, talvez, a garantia. Se lhe garantir que algo vai dar certo ou que vai, muito simplesmente, ocorrer, isso significa que aceitei que passasse à acção porque, caso as coisas corram mal, será sempre "absolvido". Lembra-se daquela vez em que foi apanhado no átrio da escola pelo director de turma ou do conselho directivo? Questionaram o facto de ali estar, mas pôde refutar as suas perguntas porque tinha conseguido a aceitação para estar ali. E, se o seu argumento fosse contestado, podia sempre provar que tinha razão junto da autoridade que aceitara que o fizesse. Pois bem, as garantias funcionam mais ou menos da mesma maneira. Quando a sua mulher ou chefe contestam a sua decisão, pode responder ao desafio do risco mostrando que tem uma garantia. Aceita-se que tome essa decisão porque, se estiver enganado, depressa será absolvido. Porquê? Porque tem uma garantia.

Um teste de condução ou experimentação são, igualmente, técnicas de aceitação dissimuladas. Sempre que o deixo fazer um teste de condução, isso significa que tem a minha aceitação para levar o produto e verificar por si próprio a veracidade do que lhe disse sobre o mesmo. Também lhe transmiti a aceitação para o comprar porque o integrei no grupo. Agora passou a fazer parte daquele conjunto de pessoas que tem móveis de pele em todas as divisões da casa, uma cama especial ou se passeia ao volante de um Porsche Boxster. Tem a aceitação dos outros elementos do grupo como você para fazer parte do clube. Ou seja, passa a ter o aval (e a aceitação) do grupo quando, por exemplo, pára num semáforo e o tipo ao seu lado, que também conduz um Porsche, o olha e cumprimenta como "um dos seus". Tem a aceitação de guardar essa imagem, porque nenhum vendedor conseguiria vincar tanto a sua opinião como os "seus pares", que o fizeram sentir-se especial e invejado… mesmo tratando-se de um mero teste de condução.

Outra forma mais aberta de transmitir aceitação passa simplesmente por dizer a alguém o que deve fazer a seguir. Diz-lhes o processo que têm de adoptar e depois deixa-os começar. Só tem de assumir (à imagem do que acontece nos cursos de vendas, em que se presume que um negócio está fechado) que vão desempenhar alguma função e que têm autoridade para tal, contando, para isso, com a sua ajuda. Ao ajudar os outros a fazer algo tão simples como iniciar um processo, respeitando e aceitando a sua autoridade, está muito simplesmente a transmitir-lhes aceitação para agirem.

Já cheguei ao ponto de dizer, em tom de brincadeira, "Bem, têm a minha aceitação para fazer isso". É *importante* que o faça num tom brincalhão e não ameaçador, e só deve fazê-lo se tiver uma relação próxima com os interlocutores. Esta simples aceitação, por muito ridícula e agressiva que possa parecer, funciona plenamente ao nível do subconsciente.

Tem o mesmo efeito que a aceitação da professora da escola primária quando pedia para ir à casa de banho, só que agora recebe a aceitação para investir um milhão de dólares num novo projecto de TI. Esta abordagem é especialmente indicada quando alguém está na iminência de tomar uma decisão, quando quer fazê-lo mas não consegue "puxar o gatilho".

Aquando de negociações ou situações que implicam persuasão, pode ser particularmente eficaz aceitar que os outros actuem "fazendo de conta". Pergunte-lhes se não se importam de o acompanhar num rápido exercício criativo. E depois diga: "Aprendi esta técnica especialmente eficaz para a tomada de decisões e gostava de exercitá-la agora convosco. Quero que façam de conta que já tomaram a decisão. Qual é o resultado? Que acham que vai acontecer como resultado da vossa decisão?"

A partir do momento em que transporta as pessoas para o estado mental do "teste de condução", significa que lhes transmitiu aceitação e que elas a aceitaram. Da próxima vez que lhes transmitir aceitação, elas vão assumi-la mais rapidamente. Lembra-se de ter mencionado que as pessoas precisam, primeiro, de simular mentalmente uma acção antes de conseguirem pô-la em prática? Pois bem, a lógica do "faz de conta" permite-lhes fazer esse exercício mental para, depois, iniciarem o processo emotivo e de justificação de todo o processo. Também lhes é mais fácil acompanhá-lo na decisão, pois já o fizeram anteriormente. É igualmente provável que tenham colocado objecções e entraves que ainda não abordou. Mas a partir do momento em que aborda essas questões só tem de lhes pedir para iniciarem, uma vez mais, o processo do "faz de conta" para verem os seus desafios resolvidos.

Nas vendas em grupo é frequente utilizar a transmissão de aceitação de uma forma aberta, ainda que dissimulada. Normalmente, pedimos a uma pessoa que diga a outra do grupo "És capaz". Quando se obtém a aceitação de outrem para fazer algo, isso aumenta drasticamente o número de pessoas capazes de fazer "X" e faz com que, por exemplo, alguém acabe por comprar os produtos apresentados. Normalmente no início de um programa faço com que todos os participantes digam a uma ou duas pessoas à sua volta: "Tens a minha aceitação para fazer o que tens de fazer para, hoje mesmo, melhorares a tua vida ou carreira. E podes contar com o meu apoio".

Com grupos mais pequenos altero ligeiramente os processos. Basta, por exemplo, pedir directamente à autoridade superior a transmissão de aceitação necessária. Posso, perfeitamente, perguntar: "Mr Black, temos todos aqui a sua aceitação para tomar a melhor e mais sensata decisão para a empresa?" Certamente dirá que sim, encorajando todos os presentes a tomarem uma decisão.

Quando recorro a este processo, regra geral, dizem-me que é a primeira vez que Mr Black apoia um projecto ou lhes dá carta branca para fazer o que é suposto fazerem. Depois, se o grupo chegar a um impasse, recordo-lhes que Mr Black lhes deu a sua aceitação para tomarem as decisões que vão ao encontro dos interesses da empresa. E é então que lhes apresento a que considero ser a melhor solução.

Quando os grupos bloqueiam, utilizo esta mesma abordagem para os desbloquear. Peço aos envolvidos que transmitam uns aos outros a aceitação para tomarem a melhor decisão para a empresa, o mais rapidamente possível. Ou então dou-lhes um prazo para encontrarem a melhor solução. Ao fazê-lo estão, implicitamente, a aceitar agir num dado período de tempo ou a chegar às conclusões que melhor respondem aos interesses do grupo ou da empresa.

O voto de confiança é outra forma dissimulada de transmitir aceitação. Dizer simplesmente a alguém que tomou a decisão certa e que pode contar com o seu apoio é uma excelente forma de transmitir aceitação.

Muitas vezes, as pessoas querem receber um voto de confiança e ser aceites apenas porque têm medo de tomar uma má decisão. Cabe-lhe a si transmitir-lhes aceitação, dando-lhes o tal voto de confiança para que cheguem à conclusão a que quer que cheguem.

Quando lhes transmitir a sua aceitação, levante o véu e deixe-os ver além dele. Mostre-lhes, uma vez mais, como é importante "pertencer ao clube". Dê àqueles a quem transmitiu aceitação a oportunidade de verem a concretização das promessas que lhes fez e verá que o seu entusiasmo nunca foi tão grande. Doravante, terá de lhes proporcionar novas experiências e fortalecer a relação para que voltem e peçam mais... de preferência algo bastante intenso para, caso não voltem, ficarem sempre na dúvida sobre se tomaram, ou não, a decisão certa.

Transmitir aceitação é controlar, por isso use este instrumento com moderação.

Resumo

- Transmitir aceitação é algo de intrínseco em nós desde a mais tenra idade. Transmitir aceitação incentiva as pessoas a agir como quer que elas ajam.
- A aceitação funciona como uma espécie de absolvição.
- Ensaiar e testar produtos é uma forma dissimulada de transmitir aceitação; use-a com frequência e em seu benefício.

Pergunte a si próprio:

- Como posso transmitir aceitação para criar a mudança e desbloquear impasses?
- Em que momento do processo de persuasão devo transmitir aceitação?
- Como posso usar a aceitação para criar uma "seita" de clientes que contem comigo?

(13) Técnicas Rápidas de Persuasão

Neste capítulo irá aprender:
- as sete técnicas rápidas de persuasão
- quais se aplicam melhor e em que situação deve evitá-las

> *O que recebemos em troca daquilo que damos é de tal forma imensurável que chega a ser uma injustiça aceitá-lo.*
>
> Rod McKuen

Depois de abordar as principais estratégias de persuasão, segue-se um capítulo ligeiramente diferente. Não que seja menos importante, pelo contrário. Estas são técnicas que podem facilmente ser assimiladas e aplicadas, mesmo por quem não tenha muita prática ou competência para o fazer. Se optei por abordá-las só agora foi porque preferi que aprendesse primeiro as estratégias mais exigentes e complexas, por levarem mais tempo a ser interiorizadas.

Estas técnicas são também as mais óbvias entre as muitas estratégias de persuasão, pelo que, quando as usar, muitos irão tomá-las por aquilo que são na realidade. Mas mesmo que as reconheçam, isso não significa que estejam condenadas ao fracasso. Muitas vezes, os outros reconhecem estratégias e julgam-se imunes; no entanto, se seguir correctamente todo o processo e as aprofundar, vai ver que surtem o efeito desejado. As técnicas rápidas de persuasão conseguem melhores resultados quando são utilizadas como apoio, quando se podem agrupar com outras tácticas, no sentido de se conseguir uma estratégia imparável.

Compatibilidade social

O Dr. Robert Cialdini chama-lhe no seu clássico *Influence – Science and Practice*[*] a prova social. O princípio da prova social diz-nos que decidimos o que está, ou não, correcto em função do que os outros consideram correcto.

> Daí a importância de facultar à sua audiência provas ou exemplos daquilo que outros têm feito relativamente à ideia que apresentou – é uma forma extremamente persuasiva de levar as pessoas indecisas a tomar decisões e a agir.

---

[*] **N.T.** Allyn & Bacon, 2001.

Decidi utilizar a expressão *compatibilidade social* e não *prova social* porque me parece que aquele conceito vai um pouco mais além do que este. Acho que as pessoas têm noção das suas necessidades, conhecem as suas especificidades e sabem que muitas estão ainda por satisfazer – e é precisamente isto que as leva a procurar constantemente outras que se pareçam consigo mesmas. Ou seja, querem compatibilidade social e, encontrando-a, reagem imitando o seu comportamento. O facto de propiciar essa compatibilidade coloca-o imediatamente em vantagem. Mais do que mostrar que alguém fez determinada coisa, dá a entender que você também pode fazê-la. Fez mais do que isso: orientou-os, disse-lhes o que deviam fazer e deu-lhes a conhecer alguém compatível, alguém como eles, que faz o mesmo.

No caso da prova social, parte-se do princípio de que se toda a gente o faz é porque está correcto. Mas quando falamos de compatibilidade social partimos do princípio de que as pessoas querem, antes de mais, sentir que existem enquanto indivíduos, embora não se importem de fazer parte de uma dada multidão, ou seja, de se juntarem a outras como elas. Usar a compatibilidade social no processo de persuasão implica mostrar a quem quer persuadir o maior número de pessoas que se lhe assemelham, tendo o cuidado de as tratar a todas como diferentes e especiais por serem em tudo idênticas. É uma forma de as encorajar a fazer algo que nunca haviam feito.

Mas isso não quer dizer que todos o façam. Quer sim dizer que aqueles *como eu* o fazem. Os primeiros a adoptar um produto são muito susceptíveis à compatibilidade social porque são uma minoria e porque gostam de o ser. A sua identidade constrói-se à volta da ideia de terem sido os primeiros e de terem vencido a concorrência.

Concordância

A concordância está intimamente ligada à compatibilidade social e manifesta-se sempre que há conformidade nas opiniões. É mais fácil levar a pessoa que se quer persuadir a mudar de ideias quando invocamos alguém como ela ou que respeita e partilha as suas opiniões.

Antes de iniciar o processo de persuasão, procure descobrir opiniões concordantes que existam entre si e o potencial cliente. Inicie o processo partilhando opiniões. Não importa se são muitas ou apenas uma, o essencial é que haja uma plataforma de entendimento que facilite a abordagem de novas ideias. A confiança está implícita na concordância, e vai-se construindo à medida que a concordância se constrói.

A transferência de poder sai reforçada quando introduz uma opinião que é partilhada por alguém em quem a pessoa que quer persuadir confia. Sairá ainda mais reforçada se essa pessoa o apresentar como alguém que partilha a mesma opinião.

Se houver conformidade de opiniões durante o processo de persuasão, a sua audiência chegará mais facilmente às conclusões a que pretende que chegue. Quando a sua meta é persuadir um vasto número de pessoas – e isto aplica-se particularmente à compatibilidade social, visto ser um processo activo em que não só observam como participam. Quanto mais pessoas concordarem consigo e partilharem as mesmas opiniões, mais depressa partilharão a sua opinião sobre novas ideias que apresentar. Também aumenta as probabilidades de virem a apreciá-lo – um tema que abordarei mais adiante.

Empatia

Alex Mandossian, que irá conhecer melhor mais adiante neste livro, estabelece uma curiosa destrinça entre empatia e simpatia. E foi assim que a explicou aos espectadores dos seus famosos seminários: imagine que está num barco que oscila ao sabor das ondas. O seu amigo contempla o mar e começa a sentir-se enjoado, muda de cor e vomita borda fora. Apressa-se a ir ter com ele, reconforta-o e diz-lhe que lamenta a situação. Isto é simpatia. Se for ter com ele, ficar igualmente enjoado e vomitar num gesto de solidariedade, então, isso é empatia.

É uma excelente história (ainda que descritiva) e ajuda a simplificar uma ideia complexa. Quando quer persuadir quer também que os outros desenvolvam empatia pela sua ideia. Quer que se identifiquem com ela e que compreendam a sua situação, os seus motivos e emoções. E havendo empatia, tenderão a considerar correctas as suas conclusões.

A emoção cria empatia como nenhum outro factor. Quanto mais emotiva for a decisão da sua audiência, mais esta se mostrará sensível a si e às suas ideias, abrindo caminho a uma forte empatia. Ao invocar experiências vividas por outros, mas semelhantes às da sua audiência, e ao mostrar-lhes como se resolveram os problemas em questão, a empatia acabará por ganhar toda uma nova dimensão.

O segredo da empatia está em fazer com que as pessoas não tenham pena de si e se sintam, isso sim, solidárias *consigo* (ou com alguém semelhante a elas), de tal forma que nem lhes ocorre *não partilhar* a sua opinião.

Inconsequência

Um velho adágio diz que uma longa viagem começa com um simples passo. Sei muito bem que não se refere à persuasão, mas facilmente poderia.

Persuadir alguém a cem por cento não significa levá-lo a aceitar uma grande ideia. Antes passa por levá-lo a aceitar diversas pequenas ideias para que a grande ideia não seja vista como uma imposição e sim como um resultado natural. É mais fácil aceitar ideias e mudanças pequenas numa primeira fase. E aceites duas ou três pequenas ideias, também é mais fácil fazer com que se aceitem as seguintes.

Atenção, não me refiro aqui aos que dizem sim a tudo nem àqueles a quem só tem de pedir para acatarem esta ou aquela ideia. Muitas vezes é *bluff*: podem dizer que sim, mas é muito provável que mais tarde venham a mudar de ideias.

Uma verdadeira estratégia de inconsequência passa por pedir à sua audiência que aceite pequenas ideias ou faça pequenas concessões relativamente a uma ideia que é coerente com a decisão que quer que venham a tomar. Primeiro, tem de lidar com as ideias mais influentes e mais fáceis de aceitar. Se souber seleccionar as ideias mais influentes conseguirá, lenta mas seguramente, levar a sua audiência a tomar uma decisão final consequente, mas que dá impressão de que foi muito fácil tomá-la.

> Inconsequência é outra estratégia de persuasão dissimulada, pois deixa a sensação de dever cumprido.

Sabe bem encontrar a resposta aos problemas em questão e negociar consensos. Melhor, é um momento extraordinário pois houve entendimento mútuo. Isto aumenta o reconhecimento porque, agora, todos têm algo em comum. A resolução de problemas partilhados reforça e aprofunda a relação entretanto criada.

A maioria das pessoas dispensa voltar a falar sobre temas passados. A partir do momento em que se solucionam diversos problemas ou a maior parte dos principais problemas, está-se pronto para encontrar a solução com a pessoa que nos acompanhou até ali. É pouco provável que se repita o processo com alguém que não se conhece quando a solução está à vista.

Ser apreciado

É importante ser apreciado e é fundamental que cultive esta faculdade se a sua meta é persuadir. Todos nós gostamos de fazer negócio com alguém de quem gostamos. Além disso, aceitamos mais facilmente as ideias de alguém de quem gostamos do que as de quem nos é indiferente.

Ser apreciado não significa que tem de ser o melhor amigo de qualquer um que queira persuadir; significa simplesmente ser amável e de fácil trato. Aqui está uma lista dos traços que podem levar os outros a apreciarem-nos mais, como:

- Ter experiências partilhadas.
- Ser oriundo da mesma classe sócio-económica.
- Ser da mesma região.
- Ter uma personalidade agradável.
- Ser educado e ter boas maneiras.
- Não se prestar a bisbilhotices nem a alimentar rumores.
- Ser informado e gostar de partilhar informação.
- Ser bom ouvinte.
- Saber partilhar a sua intimidade para aprofundar a relação.
- Saber usar o sentido de humor para desanuviar certas situações.
- Ser uma pessoa sociável.
- Ter auto-estima e ser, por regra, bem disposto.

Para a maioria das pessoas não é difícil ser-se apreciado. Até as que não são muito apreciadas o podem ser; muitas vezes não se apercebem de que os outros não estão interessados na sua companhia. Ser apreciado necessita por isso de um esforço contínuo.

Todos nós temos dias menos bons e conhecemos gente que não nos desperta particular interesse. Se o seu objectivo é persuadir todas as pessoas que conhece, então elas terão de apreciá-lo mesmo quando você não as aprecie. Não quero com isto dizer que tolere abusos ou atitudes menos correctas. Estou apenas a alertá-lo para aqueles momentos em que tem "engolir" os seus sentimentos para criar uma situação que lhe permita relacionar-se com alguém que, noutras circunstâncias, estaria fora de questão.

Ser apreciado é vital no processo de persuasão porque é muito fácil preterir alguém que nos é indiferente ou nos desagrada profundamente. No caso daqueles de quem gostamos, raramente nos recusamos a ajudá-los sempre que isso está ao nosso alcance. Ser apreciado tem por base uma necessidade emocional. Precisamos e queremos que gostem de nós. Mais, estamos sempre disponíveis para retribuir àqueles de quem gostamos e que, por sua vez, também gostam de nós. A apreciação torna-nos memoráveis. Aquele que não é muito apreciado guarda na memória tanto os que o rejeitaram como aqueles que gostaram dele.

Quando escolhemos alguém, tendemos a escolher aqueles de quem gostamos e que se parecem connosco. Se tivesse de escolher entre dois fornecedores, por exemplo, o normal seria escolher aquele com quem simpatiza mais em detrimento do outro, por quem não sentiu nada. É natural gostarmos de pessoas como nós, por isso tenha o cuidado de enfatizar o que as aproxima para cimentar a relação e a amizade. Não hesite em ajudar sempre que puder. Dê conselhos e partilhe informações que, de outra forma, não estariam ao alcance da pessoa em questão. Descubra os *hobbies* dessa pessoa e aquilo de que mais gosta, e fale sobre isso. Envie-lhe uma mensagem com um artigo sobre um tema de que tenham falado.
Irei aprofundar melhor a relação "dar para receber", mas agora quero partilhar um segredo consigo. Sempre que vou a feiras, deparo-me com uma mão-cheia de celebridades a distribuirem autógrafos. E arranjo sempre maneira de ter um, dois ou três exemplares (sim, não seja tímido) do que quer que estejam a autografar. O objecto em si é pouco importante. Porquê? Porque tenho uma sala cheia de presentes fabulosos que fazem de mim alguém incrivelmente apreciado.
Imagine que me diz, por acaso, que é um grande fã do *wrestler* Goldberg e que, poucos dias depois, lhe envio uma fotografia a cores,

autografada pelo seu herói? De certeza que vai passar a gostar ainda mais de mim.

Actualmente, a minha colecção reúne de tudo um pouco: de bolas de futebol, basebol e basquetebol a bolas em miniatura, camisolas, fotografias de todos os tamanhos e feitios, passando por livros, revistas, toalhas, bolas de golfe, garrafas de cerveja, produtos de maquilhagem e mil e uma outras coisas. Todas autografadas, claro. E pelas pessoas mais diversas – de Sylvester Stallone às líderes da claque dos San Francisco 49ers. Mais importante, não paguei um único tostão por nenhuma. Acredite em mim, não faz ideia de quantos me consideram hoje um tipo fantástico só porque lhes ofereci um presente personalizado.

Dar para receber

É importante que gostem de nós, mas é igualmente importante ser generoso. Quando damos desencadeamos um dos mais poderosos ideais do ser humano. E quando recebemos sentimo-nos obrigados a retribuir. Cialdini chama-lhe a Lei da Reciprocidade. A lei explica a ideia; dar para receber explica como funciona todo o processo.

Muitas empresas optam por oferecer presentes para "se darem a conhecer". E oferecem, na maioria dos casos, canetas, camisolas, canecas e outros pequenos objectos que são, na maioria dos casos, deitados fora. Pessoalmente, acho pouco provável que alguém se sinta obrigado a retribuir, isto é, a iniciar um processo de dar para receber, quando se trata de objectos banais e pouco valiosos. No entanto, quanto mais especial e raro o objecto for, mais se torna desejável. Se o seu presente tiver um carácter exclusivo causará forçosamente maior impacto. O exemplo citado – oferecer objectos autografados obtidos gratuitamente em feiras industriais – ilustra bem o processo de dar para receber. O presente é personalizado, dirige-se especificamente a uma pessoa e é algo que ela deseja particularmente.

Embora muitos retribuam oferecendo vários presentes genéricos, a verdade é que a quantidade é cada vez menos relevante. Por exemplo, os postais com porte pago que uma associação sem fins lucrativos lhe envia podem motivá-lo a fazer um pequeno donativo só pelo facto de o terem incluído na lista, mas a maioria vai usá-los ou deitá-los fora. O impacto dilui-se porque há muita gente a usar o mesmo conceito indevidamente e porque recebemos cada vez mais *direct mail*, o que contribui para uma crescente saturação.

Hoje, a maioria das empresas também sabe como funciona o princípio da reciprocidade, pelo que proíbe os seus fornecedores e colaboradores de aceitarem qualquer tipo de presente. Há cursos de vendas e negociação que incluem este processo nos seus programas e que explicam como é importante invertê-lo, oferecendo presentes aos compradores e não aceitando qualquer retribuição em troca.

Oferecer amostras de produtos ou serviços é uma das fórmulas mais eficazes de dar para receber. Muitas vezes, dou uma hora do meu tempo para ajudar um vendedor de uma empresa porque me interessa manter com esta uma relação a longo prazo. Com efeito, a antecipação desencadeia a vontade de retribuir. O mais interessante é que as amostras têm, hoje em dia, um espaço próprio na nossa sociedade: não são presentes, por isso não estão sujeitas ao olhar desconfiado de quem as aceita.

Fazer concessões é igualmente uma excelente forma de dar para receber. Um pouco à imagem do que se dizia antigamente: "uma mão lava a outra". Fazer concessões logo no início do ciclo da persuasão pode trazer bons resultados. Procure saber quais os aspectos em que pode ceder logo no início do ciclo e, depois de alguns momentos de tensão, mostre que está disposto a retroceder um pouco. Não convém fazer muitas concessões. Há pessoas – especialmente os vendedores – que não desistem e tentam, uma e outra vez, levá-lo a fazer novas concessões. O ideal é fazer apenas uma ou duas para que o processo possa avançar, sabendo que o seu gesto será em breve retribuído. Lembre-se que, feita a concessão, o seu interlocutor não voltará atrás nem estará disposto a repetir todo o processo com outra pessoa. E mesmo que aceite fazê-lo, dificilmente conseguirá obter a ou as mesmas concessões. Resumindo, a sua tem muito mais valor. Aprenda, pois, a dar um pouco quando oportuno.

Responsabilização

Uma das primeiras lições que aprendemos na vida é a cumprir a nossa palavra. Ser responsabilizado é, para a maioria de nós, uma emoção importante. Sentimo-nos impelidos a fazer quase tudo o que concordámos fazer por muito difícil que isso possa vir a ser. Um bom persuasor é aquele que conhece a importância da responsabilização e que a utiliza para levar a sua audiência a fazer compromissos.

Quando consegue que aquele que quer persuadir concorde com o teor e o *timing* dos próximos passos a dar está a meio caminho de responsabilizar. Quase todas as acções de persuasão que levo a cabo resultam nesse sentido, independentemente do grau de compromisso assumido. Mais importante, dou sempre a entender à audiência que estou atento aos passos que darão a seguir e que não perco as suas decisões de vista. Procuro ainda comprometer-me com um ou dois dos passos que posso dar para provar que também sou responsabilizado. E ao fazê-lo tenho, igualmente, o direito de continuar envolvido com essas pessoas para podermos conversar sobre o que se passou até à data.

Quando era vendedor consideravam-me um dos melhores, muito simplesmente por me manter fiel a este princípio. As minhas chamadas obtinham sempre resposta, enquanto as de outros vendedores não tinham qualquer *feedback*. Aqueles a quem retribuía a chamada esperavam que eu ligasse e, em muitos casos, exigiam-no porque me comprometera a fazê-lo.

Se os seus esforços tomarem um rumo que não aquele que pretende, pode sempre regressar ao ponto que lhe interessa chamando a atenção para os compromissos que foram assumidos. Isto aplica-se particularmente àqueles que não cumpriram a sua parte do acordo.

Se colocar as coisas muito friamente: "Concordámos que eu faria isto e você aquilo, e eu já cumpri a minha parte. Posso ajudá-lo a resolver o que o impede de cumprir a sua parte?" A pressão para agir é, de novo, muito forte.

As técnicas rápidas de persuasão são as ferramentas que vai usar no seu dia-a-dia e em numerosas situações. Se as incluir nas suas tácticas de persuasão terá maior facilidade em sustentar uma estratégia mais abrangente e obterá, sem dúvida, melhores resultados. Utilize-as como um escultor usa o cinzel, removendo o que está a mais e conseguirá, qual escultor, que o último retoque transforme o seu esforço de persuasão numa obra-prima.

Resumo

- As técnicas rápidas de persuasão podem ser extremamente eficazes, mas são maioritariamente tidas como tentativas de influência ou persuasão. A sua melhor utilização acontece quando fazem parte de uma estratégia global.
- Dar para receber é, talvez, a técnica rápida de persuasão mais óbvia, mas tem maiores probabilidades de ser um sucesso quando o presente é personalizado; focalize os seus esforços.
- Todos sentimos a necessidade de honrar os nossos compromissos; estabeleça compromissos e responsabilize os outros. Cumpra tudo aquilo a que se comprometeu para que a outra pessoa se sinta obrigada a cumprir a sua parte.

Pergunte a si próprio:

- Qual é a técnica rápida de persuasão que melhor se adequa ao projecto em que estou a trabalhar?
- Quem devo responsabilizar?
- Como posso persuadir os outros a criarem um espaço de maior empatia por mim?

(14) A Equação da Persuasão

Neste capítulo irá aprender:
- quais são os três passos da persuasão eficaz
- a conhecer a Equação da Persuasão
- a importância de definir claramente a sua audiência

> *Posicionamento + Apresentação x Influência = Persuasão.*
>
> Dave Lakhani

Este capítulo é, talvez, o mais importante de todo o livro porque é o "mapa" para persuadir do princípio ao fim. Já se escreveram muitos livros sobre todos os elementos que compõem o processo de persuasão, assim como se criaram modelos científicos detalhados que demonstraram como funciona a persuasão e as condições necessárias para persuadir os outros ou fazê-los mudar de ideias. Estes trabalhos são extremamente importantes, mas o leitor comum (como você e eu) não tem tempo para aplicar modelos científicos detalhados à sua situação pessoal. Precisamos de todo um conjunto de ferramentas para os utilizar.

Dos textos académicos escritos até à data, ninguém escreveu um livro que dissesse: "Eis o que deve fazer, quando e por que razão funciona". Não sei bem como, mas depois de escrever este livro creio ter a resposta para esta pergunta. Ficamos com a sensação de que nos ensinam a manipular outros. Ora, se o seu objectivo é manipular, este livro e os princípios descritos por outros autores vão certamente cativá-lo ainda mais para a manipulação. A diferença está, uma vez mais, na intenção. Se a sua intenção é ajudar os outros de forma genuína, ética e moralmente correcta, então vai ver que o fará melhor do que nunca. O mesmo se pode dizer, porém, no caso de querer atingir os seus fins sem olhar a meios.

O resultado a longo prazo será, no fundo, a única diferença, embora os manipuladores acabem, regra geral, por ser desmascarados, odiados e, em muitos casos, processados judicialmente. Quem se revelar um excelente persuasor terá o privilégio de ser amado e respeitado por saber influenciar aqueles que o rodeiam, proporcionando-lhes experiências muito positivas.

Nos capítulos anteriores apresentei-lhe as principais ferramentas individuais do processo de persuasão e expliquei-lhe em que circunstâncias as poderia usar. Agora, vou ajudá-lo a desenvolver um ataque coordenado usando todas as competências que já aprendeu de uma forma simbiótica, que lhe permitirá persuadir tudo e todos. Eis o segredo para obter tudo o que quer.

O processo é muito simples e é composto por três fases: presença, apresentação e influência. Na prática, poderia ser reduzido a duas fases – presença e apresentação –, visto a influência ser intrínseca aos dois primeiros passos.

Três passos para uma persuasão eficaz:

Presença
A primeira parte da Equação da Persuasão pressupõe que se posicione a si e à sua audiência. O posicionamento – a Presença – consiste em três elementos:

1. **Identidade.** Antes de iniciar o processo, assegure-se de que desenvolveu apropriadamente a sua identidade. Passe em revista áreas-chave como a sua história pessoal, a forma de vestir, comer, o estatuto de especialista e a apresentação. Deve estar preparado para afirmar a sua identidade desde o primeiro encontro. Ou seja, esta deve seduzir os outros mesmo antes de lhes dirigir a palavra, pela autoridade e assertividade que transmite. Os outros têm de apreciá-lo por aquilo que é: o seu salvador, a única pessoa que pode ajudá-los a resolver o problema que enfrentam.
2. **Identifique a sua audiência.** Confirme se a sua audiência está à altura. O processo de persuasão muitas vezes corre mal porque a audiência não se adequa à mensagem que pretende veicular, ou porque não investigou nem preparou devidamente essa audiência. Tem de conhecer muito bem as pessoas a quem se dirige para que as ferramentas que aprendeu surtam o efeito desejado. E se é verdade que pode influenciar qualquer pessoa, também é verdade que pode desperdiçar o seu tempo e esforço com a audiência errada, caso esta não seja capaz de tomar as decisões que espera que tomem.

Quase todos os profissionais de vendas com pouco sucesso que conheci incorrem neste erro, pois optam por persuadir e influenciar as pessoas mais fáceis de influenciar e persuadir, isto é, aquelas que não têm nada a perder nem têm autoridade para tomar decisões. O resultado está, pois, à vista: nada acontece.

Ao identificar a sua audiência precisa de saber se o seu *timing* é o mais correcto e se ela, pequena ou grande, está aberta à sua mensagem. Não faz ideia do número de chamadas que recebo de vendedores (e sim, é verdade, atendo todas essas chamadas para saber se estão a fazer bem o seu trabalho) e a quem tenho de dizer que escolheram o *timing* errado para divulgar o seu produto e que, mesmo assim, insistem em fazê-lo. Este tipo de processo só pode conduzir a um fim: a alienação total.

Deve, antes de mais, educar a sua audiência para esta compreender e assimilar as razões que o levaram a estar ali com ela. Se esta é hostil, tem de ser capaz de construir uma plataforma de entendimento em torno da procura de uma solução. É esse o objectivo e mesmo uma audiência hostil terá isso presente: o que interessa é a solução – aquilo que todos querem.

Se optar por dar a conhecer a sua história através de terceiros, por exemplo, seja um profissional de relações públicas ou de publicidade, certifique-se de que a sua mensagem é canalizada para as pessoas certas. A sua mensagem deve, pois, dirigir-se àqueles que poderá realmente persuadir e que estão preparados para agir.

3. **Estruture bem a sua história.** As suas histórias devem estar estruturadas por partes para poder personalizar cada uma em função da sua audiência, introduzindo exemplos e elos de ligação entre o que é importante e relevante para cada uma. Estude novamente a sua audiência e a história que tenciona contar antes da apresentação, certificando-se de que essa história tem todos os elementos necessários para ser persuasiva.

Apresentação
A segunda parte da Equação da Persuasão consiste em apresentar eficazmente a sua história a uma audiência claramente definida. Para a sua história ser eficaz tem de ter em atenção dois aspectos.

Em primeiro lugar, tem de desenvolver uma relação com a audiência e mostrar que o que tem para lhe dizer não só é importante como relevante. Segundo, tem de ter a certeza de que, desde o início, a sua identidade transmite uma mensagem forte, já que a sua apresentação é construída em torno da sua história e identidade. Na prática, quer centrar em si todas as atenções.

Agora, chegou o momento de desenvolver a familiaridade. Se vai dirigir-se a um grupo, peça antecipadamente ao elemento em que o grupo mais confia para o apresentar aos demais presentes. De preferência alguém que partilhe consigo o seu poder. Escreva a introdução previamente para poder capitalizar essa troca. O ideal é que essa pessoa tenha já um elevado grau de familiaridade consigo e que esteja à vontade para descrever uma situação pessoal que viveram juntos. Se não for esse o caso, então, ponha por escrito essa transferência de poder. Posso, por exemplo, acrescentar uma frase deste género à minha introdução e pedir a essa pessoa que a leia: "Dave é um perito em persuasão e é por isso que tenho todo o prazer em apresentá-lo a todos vós. Estou certo de que vamos aprender muitas e novas ideias. Vamos todos dar as boas-vindas ao nosso amigo Dave Lakhani."

As palavras foram criteriosamente escolhidas, de forma a sublinhar o apoio tácito da pessoa que as disse e a partilha de poder entre os dois. Fui cuidadoso nas palavras mas, mais importante, fui apresentado por alguém que a audiência respeita e em quem confia.

Se a persuasão visar apenas uma pessoa, o momento em que se conhecem é a altura ideal para fazer perguntas e começar a desenvolver uma certa familiaridade, partilhando experiências que tenham em comum e levando o seu interlocutor a abrir-se, a falar mais sobre si próprio. Se trabalhar na área do *copywriting*, este é o momento certo para partilharem um problema ou um desejo que tenham em comum, de preferência um para o qual o seu produto ou serviço tenha solução. E pode realçá-lo invocando os testemunhos pessoais de quem adoptou essa mesma solução.

Chegou o momento de rever e de ajustar mental e rapidamente as suas histórias. Estas devem ser desenvolvidas para utilizar os princípios do *primeiro impacto* e do *impacto recente*. As pessoas, quando confrontadas com uma lista de informações, tendem a lembrar-se melhor do que foi dito no início e no fim. Por isso, é fundamental que dê particular atenção a esses dois momentos quando se dirige a uma pessoa ou a um grupo. E não há melhor mnemónica do que a velha máxima: "Explique o que vai dizer, diga-o e, depois, relembre o que disse".

Confirme se as partes em que estruturou a história se coadunam com a audiência a quem se dirige. Acrescente pormenores e outras informações, se necessário, para completar a história e torná-la mais cativante. Ensaie a sua apresentação com antecedência para poder limar as arestas atempadamente e garantir-lhe fluidez e bom ritmo. Se não sabe muito bem que ritmo deve imprimir-lhe, agarre num livro de histórias para crianças e leia-o em voz alta. Vai perceber imediatamente a cadência que deve dar à sua história. A harmonia e o rimo estão lá. Agora, certifique-se de que a sua história está pronta para ser apresentada.

Identifique os aspectos que lhe suscitam dúvidas e as objecções que podem vir a colocar-lhe, e resolva-os durante a sua apresentação. Transforme os desafios em oportunidades e prepare-se para refutar as observações dos seus potenciais detractores. Se houver aspectos de natureza física que lhe desagradem no espaço onde vai fazer a sua apresentação, corrija-os antes de iniciá-la. Os focos de distracção perturbam o ritmo que quer imprimir à sua apresentação e levam a pessoa que quer persuadir a concentrar-se noutras coisas que não em si.

Em segundo lugar, tem de aperfeiçoar a sua apresentação para obter o máximo impacto. Comece por introduzir uma ideia ou episódio marcante, que possam ser reforçados por uma história com a qual a sua audiência possa facilmente identificar-se.

Recorra aos contrastes de forma a jogarem a seu favor. Comece por pedir mais do que aquilo que quer e, depois, ofereça o que verdadeiramente quer oferecer. Quando pedimos a alguém que tome uma decisão importante ou uma menos relevante, a sua opção recai, regra geral, sobre a menos relevante.

Durante o processo de persuasão é fundamental cativar a audiência para a tomada de decisão. Faça-os tomar decisões menos importantes e sem consequências de maior ao longo da apresentação, desde situações com as quais concordem a partes da sua história que despertem empatia, o importante é tê-los do seu lado, envolvê-los, levá-los a assumir compromissos e a sentir exactamente aquilo que sente. Molde-os à sua imagem e apresente-lhes situações familiares e semelhantes às que apresentou previamente.

Use gráficos, brochuras, suportes áudio e vídeo, o que bem entender para ilustrar o seu ponto de vista – nada mais. Centre a atenção da audiência em si e na sua mensagem. E isto aplica-se quer a um exército inteiro quer a uma pessoa só.

Focalize-se na sua linguagem não verbal. Quando comunicamos, as expressões faciais são determinantes para atestar a nossa integridade e honestidade. Mais de 50 por cento dessas expressões fazem-no, ou não. Os persuasores profissionais ensaiam as suas apresentações e gravam-nas em vídeo para analisar a sua linguagem não verbal e para perceber que leitura fará a audiência. Recorra a boas expressões faciais. Sorria com frequência. O sorriso distende o rosto, ajuda à fluidez das outras expressões, transmite confiança, felicidade e entusiasmo. O sorriso torna-o mais acessível e humano. O meu peso e altura, respectivamente 110 quilos e 1,97 metros, intimidam algumas pessoas, mas pessoalmente nunca me sinto intimidado quando me olho ao espelho. Quando comecei a falar em público sobre persuasão, o meu entusiasmo era tal que até me esquecia de sorrir. O que levou muita gente a pensar que eu era um indivíduo distante, agressivo e inacessível – exactamente o resultado oposto do que eu queria. Passei a sorrir frequentemente e consegui cativar a atenção da audiência ao ponto de me virem visitar depois das apresentações para partilharem o seu entusiasmo.

Quem quer persuadir não sabe ler a sua mente e não tem sensibilidade nem perspicácia para se aperceber das pistas subtis que lhe vai dando, por isso tem de ser concreto quando lhe pede para fazer algo ou quando lhe explica o próximo passo a dar. Além disso, o seu pedido deve ser consistente, tanto com a sua apresentação como com as expectativas entretanto criadas pela audiência. Transmita confiança e mostre que espera que cumpram a sua parte sempre que isso lhes for solicitado.

Instale um Sistema Reticular Activador (RAS), isto é, um dispositivo que o ajuda a descrever literalmente o que as pessoas vêem ou sentem depois de falarem consigo e que permite à audiência recordar a sua apresentação ou a conversa que tiveram. Um RAS permite-lhe juntar as peças que completam a sua história e que servirão, mais tarde, para reavivar a memória e as emoções sentidas durante a apresentação. Mais, essas memórias e emoções podem vir a reforçar aquilo que disse sobre uma situação em particular. Por exemplo, quem angarie fundos para os Jogos Paralímpicos pode usar esta fórmula – "A partir de hoje, sempre que vir uma pessoa numa cadeira de rodas, pergunte a si próprio: 'Que posso fazer neste preciso momento para que pessoas assim possam ter oportunidades gratificantes?'"

Antecipe as experiências que quer proporcionar à sua audiência, bem como o que quer que faça. Quando esta atingir o auge emocional (pessoalmente ou por escrito), proponha-lhe um exercício: avançar no tempo e pensar como seria a sua vida, as suas emoções e o seu quotidiano se fizesse durante um certo período de tempo precisamente aquilo que agora lhe pediu para fazer. Ou convide-os a imaginar como se sentiriam se tivessem tomado uma boa decisão ou se tivessem ajudado a tomá-la.

Uma questão importante quando se inicia o processo de persuasão é: "Daqui a cinco anos (ou outro período de tempo que julgue apropriado), quando pensarem na decisão que tomaram aqui hoje, imaginem o que terá mudado e como se sentirão por terem tomado essa mesma decisão". Só há duas hipóteses: ou tentam imaginar como seria a sua vida não tendo tomado qualquer decisão, ou tentam imaginar as consequências que adviriam de uma decisão. Qualquer um dos cenários lhe permite orientar a conversa para onde quer. Se tomaram uma decisão e estão satisfeitos, está no bom caminho. Se não tomaram, vai ter de descobrir o que teria acontecido na sequência de nada decidirem e mostrar-lhes como podem evitar essa inevitabilidade.

Se a sua meta é persuadir um grande grupo, embora queira falar individualmente com cada um dos presentes depois da sua apresentação, tem de cativar o maior número de pessoas possível. Conte-lhes uma história envolvente e emotiva, e suspenda a narrativa pouco antes da conclusão. Diga que o tempo chegou ao fim e que quem estiver interessado em saber o resto da história poderá ir ter consigo ao fundo da sala. Também funciona quando liga a alguém e deixa uma mensagem no *voice mail*. Comece por contar uma história e, depois, basta dizer: "Agora não tenho tempo. Se estiver verdadeiramente interessado, ligue-me para este número e contar-lhe-ei o resto".

Influência

Influenciar a audiência é o derradeiro passo da equação da persuasão. É fundamental que aplique todas as ferramentas individuais que aprendeu ao longo dos capítulos anteriores para, assim, aperfeiçoar a sua capacidade de influência. Se aplicar correctamente estas ferramentas, não só se coloca numa posição mais vantajosa como pode moldar as opiniões alheias a seu favor. Os elementos que compõem o último passo do processo de persuasão estão igualmente incluídos nos passos anteriores. Quando interagir com a audiência que quer persuadir deve utilizar os princípios de influência mais adequados, de forma a consolidar o seu poder e oportunidades de persuasão.

Aplique o princípio "dar para receber" sempre que possível. Facultar informação privilegiada a terceiros (legal e eticamente, claro) pode ajudá-lo a atingir as metas desejadas. Partilhar os seus contactos telefónicos ou a sua rede de contactos de forma criativa pode, igualmente, ser uma aposta ganha. Aproveite as oportunidades que surgirem para oferecer algo em primeira mão à sua audiência. Esse presente não terá de ser oneroso (embora o seu valor e preço implícitos possam ser elevados). Importa, sim, que seja relevante para a audiência, pois só assim será realmente eficaz.

Use a transferência de poder sempre que puder, seja directa ou implicitamente. Contrate ou tente conhecer pessoas que tenham autoridade e influência sobre aquelas que pretende persuadir e procure obter o seu apoio, quer explicitamente – e pode fazê-lo pessoalmente ou por escrito –, quer implicitamente, surgindo ao seu lado, em fotografias ou citando-as nas suas apresentações. Reforce as convicções da sua audiência, bem como o seu desejo de acreditar. Consolide as convicções mais antigas e as mais recentes; interligue as suas convicções com as da sua audiência. Reoriente as convicções dos presentes e desafie-os a criar novas convicções, de preferência que o envolvam a si, e tire partido dessa nova vantagem quando em situações mais complexas, como a criação de uma marca.

Reforce a sua autoridade ou estatuto de especialista mediante interacções apropriadas para poder beneficiar aqueles que pretende influenciar. É nesta fase que deve introduzir os testemunhos pessoais, os artigos que escreveu ou as entrevistas que concedeu a diferentes *media*. É também nesta fase que deve deixar muito claro o que tem de ser feito. A sua apresentação assume aqui um tom categórico e definitivo, respondendo às perguntas que ainda possam surgir e propondo soluções. Não há margem para incertezas – se for esse o caso, faça uma pausa e reúna rapidamente a informação de que precisa.

Desperte a curiosidade e a vontade de manterem uma conversa mais pormenorizada, pautada por perguntas. Mostre-lhes como um raciocínio menos convencional pode abrir caminho a soluções criativas e motive-os a participar na criação de novas formas de pensar fazendo perguntas mais inteligentes e respondendo de forma mais detalhada. Questione as suas respostas e faça-lhes perguntas que os obriguem a dar respostas cada vez mais específicas. Oriente-os para chegarem às mesmas conclusões a que você já havia chegado e que são exactamente aquelas a que quer que cheguem.

Recorra à disponibilidade para reforçar por que é importante tomar uma decisão. Enquanto escrevia este capítulo, recebi um *e-mail* de uma empresa anunciando a venda de um programa de formação topo de gama por 1.497 dólares. Informava de que apenas existiam 700 cópias, cada uma com o seu número de série, e que não seriam editadas novas cópias no futuro. Quatro horas depois, recebi outro *mail* informando de que haviam sido vendidas até ao momento 392 cópias do programa e que, por isso, já não dispunha de muito tempo para adquirir a minha. Dizia ainda que se encomendasse naquele momento e a minha encomenda fosse a 701, o dinheiro me seria devolvido. Confesso que o segundo *e-mail* me convenceu a dar uma vista de olhos ao *site* da empresa para ter a certeza de que não perdera uma oferta de que mais tarde me poderia arrepender. Este é um excelente exemplo de como se pode limitar a oferta e aumentar o desejo por um produto através da pressão tempo.

A pressão tempo é também uma forma eficaz de utilizar a disponibilidade, à imagem do que foi feito no exemplo acima citado. O tempo pode ser medido de múltiplas formas, mas regra geral passa sempre pela sua necessidade de obter algo num curto espaço de tempo, ou porque há vantagens em fazê-lo com celeridade, ou porque deixa de estar disponível ou o seu preço aumenta – é por isso que os vales de desconto têm validade.

O tempo pode ainda ser limitado no caso de um projecto: se a decisão não for tomada atempadamente, poderá não haver tempo para iniciar o projecto ou para concluí-lo dentro do prazo previsto. E os custos também podem aumentar com o tempo: ganha mais em comprar agora do que depois, ou pode perder ofertas que não voltarão a estar disponíveis.

Use o princípio da inconsequência para levar as pessoas a tomarem pequenas decisões que resultarão, mais tarde, em decisões vitais e de grande importância. Quando a minha mãe aderiu à seita não lhe pediram que abdicasse das suas poupanças, se tornasse totalmente subserviente ou abandonasse os seus amigos. Apenas a convidaram para jantar e a apresentaram a outras pessoas. Inofensivo. Depois, essas pessoas convidaram-na a assistir a um serviço religioso também inofensivo. O líder da seita convidou-a a assistir à prédica seguinte. O facto de não haver qualquer compromisso fez com que aceitasse o convite. Nessa prédica, o líder convidou-a a subir ao altar para receber Jesus Cristo, o seu Salvador. Este, sim, já era um grande passo, mas lógico no entender da seita. Ora um pequeno passo leva a outro pequeno passo...

É precisamente o que acontece quando falamos dos seus clientes. Levá-los a concordar com uma série de pequenos passos não tem quaisquer consequências. Depois, basta-lhe cumprir a sua parte com a maior brevidade possível para apresentar resultados. Responsabilize-os, pedindo-lhes que cumpram a parte a que se comprometeram. Quando se aperceberem de que cumpriu a sua e de que espera que eles façam o mesmo, tornar-se-ão mais permeáveis e, como atingiram um certo grau de familiaridade, também não vão querer deixá-lo ficar mal.

> A responsabilização está intimamente ligada à inconsequência porque preferimos ser responsáveis por pequenos resultados do que por grandes.

Como já deve ter percebido, cada ferramenta tem um momento certo para ser usada, pois só assim a sua capacidade de persuasão se tornará cada vez mais eficaz. O seu processo de persuasão pode ter durado escassos minutos ou dias, consoante os resultados que pretende obter e os níveis de persuasão requeridos.

Nos próximos capítulos, vou aplicar a Equação da Persuasão às vendas, publicidade, escrita de cartas e *copywriting* persuasivos, bem como ao processo de negociação. O objectivo é posicionar, gradualmente, as nossas histórias e audiências, apresentar uma mensagem clara a uma audiência criteriosamente escolhida e aplicar as técnicas de persuasão o mais eficazmente possível para quebrar metodicamente as resistências que ainda possam surgir, para acentuar as emoções que conduzem ao desejo e à aceitação e, por último, orientar a decisão para o desfecho por nós traçado.

Lembre-se que a Equação da Persuasão pode ser posta em prática pessoalmente, por escrito, na Internet, televisão e rádio, ou em qualquer outro suporte que lhe permita influenciar terceiros.

A manipulação, por seu turno, é muito mais complexa, tem efeitos destrutivos e o seu impacto é particularmente efémero. A Equação da Persuasão pode parecer algo difícil, no início, mas é extremamente simples. Com um pouco de prática passará a ser perfeitamente natural, como comer ou respirar. Funcionará como uma competência inconsciente, embora tenha consciência dos resultados que pode obter. A Equação da Persuasão pode ser aplicada universalmente e, além disso, dá-lhe a oportunidade de persuadir com extrema eficácia. É uma competência que o distingue dos outros e um trunfo que pode usar ao longo de toda a sua vida.

Resumo

- Recorde a equação: Posicionamento + Apresentação × Influência = Persuasão.
- Defina claramente a mensagem que quer transmitir, bem como os resultados que pretende alcançar.
- Identifique claramente a sua audiência antes de avançar para a apresentação.
- Introduza os elementos da persuasão no momento certo para conferir maior impacto à sua mensagem.
- Exercite a Equação da Persuasão até a interiorizar, usando-a naturalmente nas mais variadas circunstâncias sem disso se dar conta. Esta capacidade é a essência do persuasor profissional.

Pergunte a si próprio:

- Actualmente, que situações poderei capitalizar usando a Equação da Persuasão?
- Que audiências se enquadram na minha mensagem?
- Que elementos da persuasão se adequam melhor às oportunidades que agora se me colocam?
- Conheço alguém que siga este processo e com quem possa aprender e me transmita os seus conhecimentos?
- Revendo as oportunidades de negócio que perdi, o que poderia ter feito de diferente para conseguir persuadir?

(15) Vendas Persuasivas

Neste capítulo irá aprender:
- quais os princípios da venda persuasiva
- a identificar melhor o que os seus clientes querem
- a evitar esforços de venda infrutíferos

> *Todos vivemos vendendo alguma coisa.*
>
> Robert Louis Stevenson

Alguns poderão estranhar que um livro sobre persuasão dedique um capítulo inteiro às vendas. Todavia, a persuasão, como tem vindo a aprender, é muito mais do que a simples apresentação de pontos essenciais e benefícios na esperança de que alguém venha a aceitar os seus argumentos. A venda persuasiva passa, antes de mais, pelo desenvolvimento cuidado de um ambiente que leve quem vai comprar--lhe um dado produto a chegar à única conclusão lógica e desejada.

Vou dar exemplos muito concretos de processos de venda que quase toda a gente acaba por recordar e aplicar com sucesso. Vou ainda explicar como pode torná-los mais eficazes usando as diversas técnicas que aprendeu até agora. Lembre-se de que, qualquer que seja o móbil da persuasão, está, pura e simplesmente, a vender algo.

> Vender é a essência da vida e aqui não há lugar para excepções.

Depois de anos a ensinar pessoas a vender e a gerir equipas de vendedores descobri que o problema das vendas se resume a uma destas quatro alíneas:

1. Não gosta de vender.
2. Não compreende a essência das vendas.
3. Não gosta de vendedores e a sua equipa de vendas tem consciência disso.
4. Não está a conseguir vender da forma que o potencial cliente gostaria de comprar.

Há um velho ditado que diz que as pessoas não gostam que lhes impinjam coisas. E é verdade. Mas todos gostam de reunir a máxima informação possível para tomar uma boa decisão. Está de acordo comigo, não é verdade? Em última análise, pode dizer-se que as vendas são isso mesmo: fornecer aos outros a informação necessária para tomar uma decisão lógica e informada. Fechar um negócio é, pois, a conclusão lógica de todo este processo. Repare que nunca disse para pressionar, ludibriar, recorrer a estratagemas ou qualquer outra coisa que possa ter aprendido ou ouvido sobre a forma como se processam as vendas.

Eis a dura verdade sobre o seu negócio. Se quer entrar no mundo empresarial ou expandir o seu negócio tem de interiorizar a questão das vendas... e fazê-lo rapidamente, porque todos os negócios incluem esta vertente. Mas não é obrigado a procurar pessoalmente uma oportunidade de negócio e a fechá-lo. Não é forçoso. No entanto, permitir-lhe-ia perceber melhor todo o processo, bem como avaliar até que ponto o seu negócio vai no bom caminho. Mais, aprenderia a respeitar aqueles que fazem aquilo de que não gosta, caso decida contratar vendedores profissionais e delegar neles essa tarefa.

É fundamental que aprenda o mínimo que há para aprender sobre vendas se quer que o seu *marketing* funcione. Tem de conhecer bem todo o processo para persuadir os outros a gastar dinheiro nos seus produtos ou serviços. E já que vão gastá-lo, cabe-lhe a *si* discernir o que é preciso para que o gastem no que tem para lhes vender.

Se não tiver tempo para levar por diante este processo ou se estiver profundamente envolvido na gestão do negócio ou na entrega do produto ou serviço, recomendo que contrate alguém para a parte das vendas. Quando recrutar alguém para esse sector, opte por uma pessoa que tenha muita experiência e/ou formação específica nessa área, assim como experiência na sua indústria, ou com os produtos em causa, para obter melhores resultados junto dos clientes com quem habitualmente trabalha. Deve ainda assegurar-se de quem contratou sabe persuadir. O melhor que tem a fazer é dar-lhes este livro para lerem na primeira semana de trabalho e, se não tiverem formação específica nesta área, inscreva-os num programa onde possam aprender toda a metodologia técnica necessária ao desempenho das suas funções.

A formação na área de vendas assenta no ensino de todo o processo: da recolha de dados ao serviço pós-venda. O mais interessante é que apenas ensinamos esse processo no final da formação, para poderem pôr em prática as técnicas de persuasão em todas as suas etapas. Normalmente, solicitamos aos departamentos de *marketing* para participarem na formação, caso se trate de um programa leccionado na própria empresa. Muitas empresas incorrem no erro de separar as vendas do *marketing*, quando ambas as áreas estão intrinsecamente ligadas ao processo de persuasão.

Não tenciono fazer uma cobertura exaustiva de todo o processo, mas sim centrar-me nos aspectos essenciais da forma como as pessoas compram, para que possa dirigir-se aos seus clientes do modo que eles mais apreciam e, assim, persuadi-los a fazer negócio consigo. Vou ainda ensinar-lhe algumas técnicas de persuasão que poderá aplicar ao longo deste processo.

O que querem os seus clientes:
Os seus clientes querem:
- Que os alertem para o facto de terem uma dada necessidade ou que validem essa mesma necessidade.
- Uma solução relevante.
- Respostas às suas perguntas.
- Informação detalhada para poderem tomar a melhor decisão.
- Ter a certeza de que vão obter o que realmente precisam e que tomaram a decisão certa (valor).
- Obter a sua aceitação para tomarem imediatamente uma decisão.

As vendas não têm segredos. Se assegurar todos estes factores, a venda está garantida. As pessoas apenas querem ser bem servidas. Logo, se for relevante, se responder às suas perguntas e provar o valor inerente ao negócio, não só ajuda a definir os seus critérios de compra como ganha pontos a seu favor.

O processo de venda é mesmo muito simples. Quanto mais o dificultar, mais tempo levará a obter a informação acima citada, arrastando-o. Normalmente, uso um acrónimo – "Eu vendo"* – para tornar a venda persuasiva fácil de recordar. O processo "Eu vendo" obedece aos seguintes passos:

I – Identifique os melhores potenciais clientes.
C – Conte a sua história.
E – Eduque, responda e incentive.
A – Ajude-os a tomar a melhor decisão.
D – Deixe-os comprar.

---

* **N.T.** I SELL, em inglês. Não sendo possível repeitar as iniciais originais de cada um dos passos na tradução, o acrónimo perde sentido em português.

Identifique os melhores potenciais clientes

O primeiro passo para uma venda persuasiva mantém-se: seja relevante. Tem, primeiro, de identificar os clientes cujas necessidades o seu produto ou serviço podem satisfazer. Um erro comum, tanto a principiantes como a vendedores experientes, é perder tempo com a primeira pessoa que se mostra receptiva ao seu discurso. Se não for capaz de identificar os melhores potenciais clientes antes de falar com eles, reduza a sua apresentação a uns meros três minutos, ou menos, para não perder o seu precioso tempo.

Um gestor de vendas tem muitos trunfos na manga e um deles é mostrar aos vendedores quão valioso é o seu tempo. A maioria dos vendedores nunca irá medir o valor do seu tempo e, mesmo que o faça, nunca terá a dedicação necessária para pôr esses princípios diariamente em prática. Mas existe uma minoria, cerca de cinco por cento, que o faz sistematicamente, porque tem a noção de quanto dinheiro precisa de fazer e do tempo de que dispõe para concretizar essa meta. Vou fazer-lhe uma pergunta para ver até que ponto entende esta ideia. Iria à pesca com amigos se só tivesse 30 dias para ganhar cem mil dólares e com esse dinheiro salvar a vida de alguém que lhe é muito querido? Claro que não. Concentraria toda a sua atenção e esforço nessa meta.

Se nunca fez este exercício, faça-o agora mesmo. Escreva num papel o dinheiro que quer ganhar no próximo ano. Divida esse montante por 2.080, a média de horas de trabalho num ano, e obterá o valor de cada hora de trabalho. Agora divida este valor em segmentos de dez minutos para ficar a saber quanto dinheiro está disposto a investir em alguém antes de iniciar o processo de persuasão. Vamos supor que quer ganhar cem mil dólares por ano – o valor mínimo para um bom persuasor. A equação é algo como isto: 100.000 a dividir por 2.080 = 48,08 dólares por hora a dividir por seis (segmentos de 10 minutos) = 8,01 dólares.

Dez minutos investidos numa coisa que lhe interessa equivalem a um investimento de 8,01 dólares. Todas as suas actividades têm um preço e a factura mais elevada corresponde ao tempo que vai passar com a pessoa errada. Porquê? Porque todas as horas que perder com essa pessoa ou com tarefas inúteis serão subtraídas ao total de horas disponíveis para alcançar a sua meta – os tais cem mil dólares. Caso contrário terá de compensá-las com horas extra, fins-de-semana, noites, férias e folgas, para contrabalançar as que desperdiçou. Se for honesto nas suas contas e no tempo perdido, rapidamente vai perceber a importância de limitar o seu tempo aos clientes que realmente interessam. Seja rápido e assertivo na selecção de potenciais clientes. Pergunte a si próprio:

- Terá esta pessoa um problema que eu possa resolver de imediato?
- Poderei ajudá-la no caso de um projecto secundário?
- Terá autoridade para tomar decisões ou exercerá influência sobre o projecto e a pessoa que tem, de facto, autoridade?
- Poderei interagir com o verdadeiro decisor antes de este iniciar o processo de tomada de decisão?
- Esta pessoa ou empresa terá capacidade financeira para negociar comigo? – não julgue um livro pela sua capa, investigue todos os factos.
- A pessoa preenche todos os requisitos técnicos necessários para usar o meu produto ou serviço?
- Terá esta pessoa experiência suficiente para usar o meu produto ou serviço?
- Haverá outras condições que não preencha e que a afastem imediatamente da lista de potenciais clientes?

Inicie a sua história

Identificados os potenciais clientes, o passo seguinte é iniciar a sua história. Antes de começar certifique-se de que a sua audiência compreendeu, foi ouvida e está preparada para ouvi-lo. Uma audiência que está preparada para ouvir está, igualmente, preparada para comprar.

Para isso, é preciso que tenha aperfeiçoado a sua identidade e esteja pronto a contar a sua história – presencialmente ou por telefone. Se não estiver, faça os ajustamentos necessários para dar resposta a todas as perguntas que os potenciais clientes possam fazer sobre a sua identidade. Se for uma conversa telefónica, adopte uma voz nítida e clara. Deixo aqui outro conselho de Susan Berkley, CEO da The Great Voice Company: não tussa ao telefone; beba um golo de água. Se for presencial, deve apresentar-se impecavelmente vestido e com a lição estudada, seja ao nível da voz, da postura ou da apresentação propriamente dita.

Comece por reiterar a importância dos assuntos apresentados pelo potencial cliente. Mostre que o ouviu e comece a contar a sua história. Quando esta é bem estruturada, permite-lhe introduzir novos elementos persuasivos que suscitem novas perguntas e respectivo esclarecimento.

É importante usar o princípio da transferência de poder ao longo da sua história. Apresente testemunhos e *case studies* relevantes para as dúvidas que os potenciais clientes possam levantar.

Eduque, responda e encoraje
Desperte curiosidade insaciável à medida que conta a sua história. Leve os potenciais clientes a fazer-lhe perguntas que lhes permitam mergulhar ainda mais na história que está a contar-lhes. Esta educa-os ao responder às perguntas que previra que lhe iriam colocar e educa-os ao explicar por que razão você e a sua solução correspondem inteiramente ao que procuram. A sua credibilidade e experiência saem reforçadas quando a transferência de poder e credibilidade são correctamente usadas. E, aqui chegados, vão querer fazer-lhe novas perguntas.

Tem, assim, a oportunidade de os cativar ainda mais, sabendo que o tempo que investem em si não está a ser investido na concorrência. Durante o processo de educar, responder e incentivar tem, antes de mais, de recolher a máxima informação possível para poder consolidar o processo de persuasão e orientar os seus critérios de compra. Quanto mais os educar mais possibilidades terá de vir a ser adoptado como guru ou especialista e de virem a confiar em si. E quanto mais confiarem em si menos probabilidades haverá de virem a confiar noutra pessoa.

A qualidade da informação é outro aspecto essencial nesta fase do processo. Quanto mais sólidas e ponderadas forem as suas respostas, bem como relevantes, mais a opinião da audiência lhe será favorável. As suas respostas devem estar estreitamente ligadas à forma como a sua solução vai dar resposta aos problemas específicos da audiência. Encoraje-os a desafiar ou a questionar a sua solução, para que consiga chegar ao verdadeiros problemas. Repita o processo de educar, responder e incentivar até ter a certeza de que dispõem de toda a informação de que necessitam ou que solicitaram.

Ajude-os a tomar a melhor decisão
É aqui que pode ganhar dinheiro. À medida que a sua história evolui, vai levar a audiência a tomar pequenas decisões e a concordar com aspectos que não implicam consequências de maior. Está, portanto, a condicioná-la para a decisão final.

Quanto mais pequenas decisões obtiver dos seus potenciais clientes neste preciso momento, mais facilmente se decidirão a fazer negócio consigo terminada a apresentação. Se quer vender carros, leve-os a pensar na cor de que realmente gostam e nos acessórios que consideram imprescindíveis. Se quer vender produtos tecnológicos, talvez seja boa ideia levá-los a identificar os locais onde podem testá-los, bem como as pessoas envolvidas no processo. Ao ajudá-los a tomar mentalmente estas pequenas decisões, conseguirá igualmente que o equacionem a si e ao seu produto como parte da solução, visto estar disponível para lhes responder a todas as perguntas que lhe queiram colocar.

Nesta fase, vai ainda preparar o terreno para a decisão final – seja ela a compra do produto ou os próximos passos a dar. Se já respondeu a todas as perguntas e os potenciais clientes se mostram agora preparados para comprar, avance imediatamente para o passo seguinte – deixe-os comprar. Muitas vezes, não se consegue fechar o negócio num dia. Mas para manter o controlo sobre o processo de persuasão tem, igualmente, de manter o controlo sobre o que se segue. Durante esta fase, deve definir clara e inequivocamente os próximos passos a dar, obtendo o seu aval para as datas e prazos desses mesmos passos. Deve também identificar a pessoa que fica responsável por cada passo a efectuar para pôr em prática o princípio da responsabilização. As pessoas tendem a fazer aquilo de que foram incumbidas quando sabem que alguém vai responsabilizá-las pelas suas acções.

Se neste ponto não estiverem reunidas as condições para decidirem comprar, assegure-se de que vão cumprir os prazos e os compromissos acordados. Os potenciais clientes, por sua vez, vão analisá-lo em função da sua capacidade de desempenho. Neste momento, vai aperceber-se melhor do tipo de clientes que serão no futuro. Esteja atento. Será que vão cumprir os prazos fixados? E honrar os compromissos assumidos? Contam com terceiros? Se sim, porquê? Todas as informações que conseguir reunir nesta fase poderão ser extremamente úteis para o sucesso a longo prazo.

Nunca é de mais sublinhar que o persuasor com mais informação não só controla o processo como tem todas as condições para vencer este desafio. Sublinhe a importância de cumprir metas e compromissos sempre que necessário. É precisamente nesta altura que deve dar para receber. Disponibilize informação específica que possa beneficiá-los de imediato, faça favores ética e moralmente aceitáveis, e ofereça presentes concretos ou quaisquer outros artigos que fortaleçam a sua relação com os potenciais clientes. Certifique-se de que todos estes esforços respeitam os princípios legais, morais e éticos, e que são bem aceites por ambas as empresas – a sua e a dos potenciais clientes.

Prossiga até chegar o momento de tomarem uma decisão. Pode ter de orientá-los para tomarem uma decisão antes de estarem preparados para a tomar e, para isso, terá de invocar os princípios da exclusividade e da escassez da oferta. E, ao fazê-lo, demonstre como a ausência de decisões vai afectar o prazo de entrega, ou como as encomendas em carteira ou a colocação de um dado produto os faz descer mais uns degraus na escala do desempenho. O receio de perdas ou atrasos é um motivador poderoso no processo de persuasão. Demonstre a exclusividade para acrescentar mais entusiasmo.

Mostre-lhes como podem vir a fazer parte de um grupo ou receber incentivos especiais, disponíveis apenas para os primeiros interessados ou para pessoas que adquirem determinados produtos num dado período de tempo. Revele como a sua decisão lhes dá acesso a um grupo de pessoas muito especial ou a situações de que, de outra forma, estariam excluídos.

Deixe-os comprar

O último passo do processo "Eu vendo" é deixar a audiência comprar. Não imagina quantas vezes vi vendedores deitarem por terra um negócio já fechado. Como insistem em continuar a falar, a persuadir e a tranquilizar a audiência, esta acaba por ficar confusa e hesitante. Quando os potenciais clientes estiverem prontos para comprar, *venda*.

Nesta altura estão perfeitamente convencidos de que vão tomar a decisão certa. Envolva-os profundamente no processo para que comprem de imediato. Se lhe for exigido um contrato naquele preciso momento, apresente-o e leve-os a iniciar um projecto em que sejam obrigados a dar os primeiros passos para a sua implementação. Iniciado o processo, é perfeitamente aceitável passar ao *up-sell*, isto é, à optimização da venda. Se vende a retalho, ofereça os produtos com melhor margem. Se vende artigos topo de gama, chegou o momento de vender seguros mais caros ou o que quer que seja que possa tornar a transacção ainda mais rentável. Quando as pessoas estão profundamente envolvidas numa transacção é também a altura ideal para lhes propor a compra de outro produto ou serviço.

Feita a primeira venda pode, então, iniciar o ciclo de influência que lhe permite desenvolver a relação e a fidelização dos clientes, criando oportunidades para comprarem mais e mais frequentemente. Quando contextualizar as suas vendas verá que tem outro prazer em fazê-lo e perceberá mais facilmente que a fase das vendas é aquela que dá mais e melhor informação aos seus clientes. Vender é servir os outros – tudo o mais se enquadra na lógica da distribuição. O que acontece depois da venda é uma espécie de prolongamento dessa primeira experiência, que serve para lhes relembrar a excelente decisão que tomaram. E serve ainda para lhes relembrar que os futuros negócios serão igualmente fáceis e sensatos. Não terão de prestar qualquer atenção a outras acções de *marketing*, porque ninguém os poderá servir melhor do que você.

Não se esqueça de que vender é, acima de tudo, conjugar devidamente as técnicas de venda para que a sua história tenha o resultado pretendido. Não conheço outra fórmula tão fácil como a do processo "Eu vendo" quando se quer garantir o sucesso de uma venda persuasiva.

Resumo

- Tenha sempre presente o acrónimo "Eu vendo" – identifique os melhores potenciais clientes; inicie a sua história, eduque, responda e encoraje; ajude-os a tomar a melhor decisão; deixe-os comprar.
- Aplique os princípios de persuasão mais adequados à situação.
- Desperte curiosidade e desejo ao longo da sua história.
- Deixe-os comprar. Quando tiverem tomado a decisão, deixe-se de conversas e facilite o processo.

Pergunte a si próprio:

- Serão os clientes actuais aqueles que melhor se adequam ao meu produto ou serviço?
- Quanto dinheiro perco por ano com clientes que não se ajustam ao meu negócio?
- Já interiorizei e memorizei o processo "Eu vendo"?

(16) Publicidade Persuasiva

Neste capítulo irá aprender:
- como construir uma campanha de publicidade persuasiva
- como construir um anúncio que desperte atenções
- a acompanhar a eficácia de uma campanha publicitária

> *Vamos supor que investiu um milhão de dólares na sua pequena empresa e que, de repente, a sua publicidade não funciona e as vendas caem. Tudo depende da publicidade. O seu futuro, bem como o da sua família e o de outras famílias dependem dela. Por isso, o que quer de mim? Escrita literária? Ou quer que a maldita curva das vendas deixe de descer e volte a subir?*
>
> Rosser Reeves, *Reality in Advertising*

O próximo parágrafo vai deixar muita gente furiosa e com razão. Mas também vai servir para os fazer pensar e ajudá-lo a si a ganhar mais dinheiro. Na pior das hipóteses, ajudá-lo-á, pelo menos, a tomar uma decisão informada da próxima vez que criar um anúncio.

Poucas pessoas sabem o que torna um anúncio persuasivo, e também são raros os donos de empresas capazes de avaliar a sua potencial rendibilidade. A maioria das pessoas que fazem *copywriting* e criam anúncios não tem ideia de como funciona a publicidade. E não me refiro àqueles que trabalham em grandes agências de publicidade – embora a maioria também não perceba a sua essência –, refiro-me sobretudo a quem cria *os seus* anúncios. Ao tipo que trabalha num jornal ou numa revista especializada e que faz tudo à pressa, ou ao génio da rádio local que escreve anúncios nos tempos livres e depois lhes dá voz.

Mas atenção, há ainda os administradores frustrados que trabalham em grandes agências de publicidade ou em pequenos canais de televisão por cabo. Há a senhora do *marketing*, que começou como recepcionista e foi entretanto promovida a gestora de *marketing*, o técnico que redigia "umas coisas" e que agora é o *copywriter* porque... enfim, sabe escrever. São estas pessoas que, normalmente, dão corpo aos seus anúncios e a culpa é sua se não funcionam – afinal, foi você que os contratou.

Agora que o pus furioso, também posso dizer-lhe que existe esperança. Nenhuma destas pessoas é mal intencionada. Pelo contrário, querem que ganhe mais dinheiro mas, para isso, temos de ensinar-lhes o que devem fazer para alcançar esse objectivo. Neste capítulo vou mostrar-lhe uma óptima fórmula para criar anúncios – e que funciona. E bastam dois passos para tornar a sua publicidade rentável e persuasiva:

Como criar anúncios rentáveis e persuasivos

1. Crie anúncios que possam ser fragmentados com base numa história persuasiva.
2. Avalie-os.

Vou fazer mais do que ensinar-lhe a escrever o anúncio perfeito ou a listar exaustivamente as palavras que vendem melhor do que outras. Vou ensinar-lhe os mais valiosos princípios do *copywriting* para que possa pô-los em prática neste exacto momento. Vou mostrar-lhe como pode obter a informação necessária para tornar os seus anúncios mais eficazes, sejam eles escritos, televisivos ou radiofónicos, ou anúncios destinados à Internet, faixas, *outdoors* ou *direct mails* (via postal), ao seu *voice-mail* ou atendedor de chamadas. Se levar estes conselhos a sério e os aplicar aos seus anúncios e modelo de *marketing*, verá que domina melhor e mais rapidamente o mercado, e com menos custos do que a sua concorrência.

Antes de prosseguir, gostaria de explicar-lhe em pormenor por que razão os seus anúncios não devem ficar a cargo do representante de vendas e da respectiva equipa. Pense no imenso volume de anúncios que, diariamente, essas pessoas têm a seu cargo. Nas centenas de anúncios que criam anualmente, inclusive para os seus concorrentes.

Quando o representante de vendas ou o *copywriter* recebem o seu anúncio, normalmente perguntam-lhe quais os temas que quer ver destacados e pouco mais. E, normalmente, estes têm que ver com a sua qualidade, o seu serviço, horário e localização conveniente. Além disso, vão ainda pedir-lhe que proponha um preço especial para ajudar as vendas. Depois, lançam mãos ao trabalho.

Ponha-se no seu lugar. Imagine que tinha de redigir umas dezenas de anúncios por dia para um sem número de empresas diferentes, algumas das quais concorrentes directas, outras que requerem muito tempo e concentração para produzir um único anúncio, e outras que também mereciam a mesma dedicação e que nunca a terão. O que é natural que aconteça? Que se concentre no primeiro anúncio e que, depois, comece a pensar em todos os outros que já escreveu e tenha a tentação de escolher algumas das melhores frases e ideias, misturando tudo num único anúncio... o *seu* anúncio. É *realmente* isto que quer?

Esta abordagem não só é previsível como raramente é persuasiva. Quando o seu anúncio é praticamente igual ao do anúncio de um concorrente, o resultado só pode ser um: ou se perde no meio das outras mensagens com as quais compete directamente, ou *reforça* a mensagem do seu concorrente se esta passar mais vezes e se a respectiva publicidade for mais consistente do que a sua.

Copiar os anúncios da concorrência ou escolher os mesmos locais e suportes para os veicular também não lhe traz quaisquer vantagens. Pior, copiar os anúncios da concorrência apenas reforça a mensagem da própria concorrência. O aspecto mais importante da concepção de um anúncio é criar uma mensagem original e fazê-la chegar aos consumidores. Tem de contar uma história que mais ninguém saiba contar. Isto porque nem mesmo os seus concorrentes mais directos sabem qual o melhor anúncio a adoptar. É arriscado copiar material alheio, pois pode não se enquadrar na mensagem que quer transmitir ao público. Além disso, mesmo que o anúncio concorrente seja eficaz e bem sucedido, nada garante que você tenha orçamento para se lançar em algo semelhante ou que as metas sejam idênticas. Um e outro aspecto podem ser extremamente contraproducentes.

Quero que faça comigo um exercício muito rápido para perceber onde quero chegar, e ver como é fácil criar anúncios muito mais apelativos. Observe os seus anúncios de uma perspectiva totalmente diferente – e basta fazê-lo hoje. Esqueça as suas convicções sobre o que está bem ou mal nos actuais anúncios e aplique os princípios que se seguem, e verá como se tornam mais importantes. Se concorda que os seus anúncios podem melhorar, então está no caminho certo para aumentar o negócio.

Se concluir que não é possível melhorar os seus anúncios, parabéns. Isso quer dizer que já eliminou um dos passos deste processo ou que está na iminência de perder muitos e importantes negócios.

Eis o que quero que faça: suspenda os anúncios televisivos, na imprensa escrita, no seu *site* na Internet, nas cartas de *direct-mail*, o seu anúncio das páginas amarelas e o da rádio. Adapte-os a um formato que lhe permita trabalhar com eles por alguns instantes.

Agora vai substituir todas as referências à sua pessoa ou empresa pelo nome ou logótipo de um concorrente e pergunte a si próprio: alguém notaria a diferença entre um e outro se alterássemos o nome ou o logótipo? Segunda pergunta: podem os meus concorrentes fazer exactamente o mesmo?

Ficou surpreendido com a resposta? Quando um anúncio de uma determinada área de negócio diz exactamente o mesmo, como pode um potencial cliente tomar uma decisão consciente? Porque haveria de escolhê-lo a si só com base na informação que acabou de lhe facultar?

Desiste, não é verdade? O seu precioso cliente fará exactamente o mesmo. No fundo, irá escolher a primeira pessoa que atender o telefone, que apresente uma solução ou o preço mais baixo. Percebe agora por que razão a concorrência é tão feroz e por que você se limitou a competir pelo preço? Percebe como é fácil destacar-se dos outros pelo valor em vez de pelo preço?

Antes de lhe indicar os trunfos de um bom anúncio, quero que interiorize alguns dos conselhos de Rosser Reeves, um dos maiores publicitários na história dos EUA: "Não basta fazer um anúncio diferente dos outros. Tem, acima de tudo, de tornar o seu *produto* mais interessante. E é precisamente isto que muitos *copywriters* deste país ainda não perceberam"*.

A palavra-chave desta citação é, pois, *produto*: as pessoas não querem saber a história da sua vida nem quão extraordinários você e a sua empresa são, nem a sorte que têm em poder fazer negócio com os seus óptimos colaboradores. Querem saber se o seu produto corresponde às suas necessidades e se pode fornecer-lhes todas as informações de que precisam para tomar a melhor decisão. Se os persuadir de que está à altura, pode ter a certeza de que irão à sua loja ou empresa para confirmar se é mesmo assim. E só então, só depois de confirmarem tudo o que disse sobre a qualidade, o serviço e a extrema competência dos seus colaboradores, começarão a acreditar nas suas histórias.

Descobrir, desvendar, a sua realidade, são várias formas de dizer a mesma coisa. Se quiser saber o que o torna diferente, o que leva as pessoas a quererem comprar-lhe a si e não a outros (ou *fazer* com que queiram comprar-lhe a si), terá de procurar as razões profundas dessa motivação. Primeiro, tem de fazer perguntas pormenorizadas sobre o seu negócio, os seus produtos, clientes, história e sobre si próprio. Só depois de perceber tudo isto poderá ficar a saber o que o torna a si

---

* **N.T.** *Reality in Advertising*, Knopf, 1961.

ou à sua proposta de venda tão apelativos – é este o pormenor que precisa de conhecer para poder estruturar uma história também ela única e original.

Vou dar-lhe um exemplo. Tenho um cliente, a Fidogear, que fabrica coleiras, capas, trelas e açaimos para cães. Nada de extraordinário, não é verdade? Se lhe disser que a Fidogear foi criada por uma avó de 70 anos que adorava cães, que queria manter-se ocupada na reforma e, não menos importante, ajudar a comunidade canina? Se lhe disser que todos os artigos da Fidogear são feitos à mão e à medida do seu cão a partir das indicações que os clientes fornecem à empresa? E se lhe disser ainda que os preços dos produtos Fidogear concorrem com os artigos que encontra num supermercado local? Já percebeu o que isto significa para quem valoriza o seu animal de estimação?

O carácter exclusivo do seu produto é o que faz de si uma referência e o que leva as pessoas a escolhê-lo. Leia atentamente a lista de perguntas que passo agora a enumerar para descobrir o que é único em si:

- Conte-me a sua história: como foi que tudo começou e porquê este negócio em particular?
- O que o seduz mais neste negócio?
- Tem que ver com a sua personalidade?
- Porque escolheu estes produtos?
- Há algum pormenor sobre o seu negócio que possa chocar os outros se tivessem conhecimento dele?
- A concorrência tenta imitá-lo? Em que aspectos?
- Faz alguma coisa para agradar e surpreender regularmente os seus clientes?
- O que o leva a fazê-lo?
- Que problemas tem actualmente em mãos que quer resolver para satisfazer os seus clientes?
- Quais são as frustrações mais recorrentes quando um cliente quer comprar o seu produto ou serviço?
- Como acrescenta valor aos seus produtos ou serviços – valor que a concorrência não tem ou não consegue ter?
- Como sabe que é valor acrescentado?
- Qual foi a última vez que superou a concorrência?
- Fale-nos do seu percurso: como se tornou especialista na sua área de negócio?

- Se não é um especialista, que tem de fazer para vir a sê-lo?
- Se só pudesse transmitir três aspectos sobre o seu negócio a um potencial cliente e este tivesse de tomar uma decisão baseada apenas nesses três aspectos, quais referiria e em que seriam eles diferentes dos apresentados pela concorrência?
- Porque tomariam uma boa decisão apenas com base nesses três critérios?
- Que diz aos clientes antes de decidirem comprar-lhe o que quer que seja?
- Quais são as três perguntas mais frequentes no momento da tomada de decisão?
- Quem é o seu principal concorrente e porquê?
- Que aspecto gostaria de salientar e dar a conhecer sobre o seu produto ou serviço? Por que razão é assim tão importante?

Se tentar descobrir o máximo de pormenores possível sobre a sua empresa, em conjunto com os seus colaboradores, atingirá um nível de informação bastante preciso. Depois, só tem de repetir o mesmo processo com um grupo restrito de clientes; desta vez, os melhores clientes. Além da lista de perguntas acima referida, gostava que lhes colocasse também estas questões:

- São os nossos melhores clientes, mas gostaríamos de cativar mais clientes do mesmo tipo. Por que razão preferem o nosso "x" (introduza o nome do seu produto ou serviço)?
- Que fazemos melhor do que os concorrentes mais directos?
- Por que razão é isso importante para a vossa empresa?
- Com quem poderiam fazer negócio além da nossa empresa? Em caso afirmativo, com quem concretamente? Em caso negativo explique porquê.
- Podem dizer-me como nos escolheram? Qual foi o processo de decisão?
- Das iniciativas que tomamos, quais vos surpreendem sempre?
- O que têm de exclusivo que faz de nós a melhor escolha?
- Que podemos fazer, aqui e agora, para que a vossa experiência connosco seja a mellhor e mais memorável que tenham tido em situações similares?

Neste momento dispõe de um novo nível de informação que lhe permite criar o melhor anúncio de sempre, mas gostaria que aprofundasse estes novos elementos para ter a certeza de que tem em seu poder toda a informação necessária. Vai falar com um antigo cliente, ou seja, com alguém que preteriu os seus produtos ou serviços, e vai perguntar-lhe:

- O que o levou a preterir a nossa empresa?
- Que poderíamos ter feito para o servir melhor?
- O que é que tem de único e a que nós não soubemos responder levando-os a escolher outra empresa?
- Há alguma coisa que pudesse fazê-lo a voltar a ser nosso cliente?
- Pode explicar-me como escolheu o seu actual fornecedor?
- Há algum aspecto que lhe agradasse em nós que gostasse de ver no seu actual fornecedor?
- De quanto tempo precisou para decidir mudar de fornecedor?
- Há alguma coisa a que o seu novo fornecedor não esteja a dar resposta e que o deixaria muito mais satisfeito?
- O que poderia levá-lo a optar por um novo fornecedor que não a nossa empresa?

A partir do momento em que reúna todo este conjunto de informações, tem material suficiente para avançar com novas e poderosas ideias, dados e histórias que realcem o carácter exclusivo da sua empresa e anúncio, daqueles que captam a atenção de toda a gente. Mas as vantagens não terminam aqui: estas informações permitem-lhe ainda melhorar e desenvolver o seu negócio.

Crie anúncios que choquem e contem uma história persuasiva
Quais são as qualidades de um anúncio bombástico? O que mais importa reter num anúncio (ou numa mensagem persuasiva) é que visa, antes de mais, contar uma história que permita, discreta e subtilmente, deixar suspensa a audiência, para logo de seguida a persuadir e motivar a agir.

Todos os bons anúncios têm um mote, qualquer que seja o seu suporte. O objectivo desta frase-chave é precisamente chocar, chamar a atenção e vender-lhe uma ideia ou um produto na frase seguinte. E tem de ser algo que o prenda imediatamente. A principal função dessa frase-chave é despertar-nos do torpor em que mergulhamos quando bombardeados com sucessivos anúncios publicitários na televisão, na rádio, nos jornais e nas revistas. A frase-chave desperta a nossa atenção porque nos diz directamente o que é importante para nós ou porque nos seduz esteticamente e, logo, nos leva a querer saber mais – o que implica ler, pelo menos, a frase seguinte.

Os anúncios persuasivos focam-se na minha pessoa e não na sua. Para captar a minha atenção tem de informar-me sobre o que o seu produto pode dar-me. Se o seu anúncio se diluir entre os demais e não me despertar qualquer interesse, isso quer dizer que está condenado ao fracasso. Os bons anúncios falam directamente às pessoas que querem persuadir. Criam uma relação íntima que conta uma história que, por sua vez, dá resposta a diversas perguntas, levando o visado a agir ou a querer saber mais.

Quase todos os bons anúncios me colocam uma pergunta relevante e me oferecem a resposta a essa mesma pergunta. Provam o seu sucesso, fiabilidade e experiência, e recusam-se a enveredar por afirmações inócuas como "O nosso produto é melhor do que o da concorrência". Se quer que acredite em si, naquilo que quer transmitir-me, transfira para si o poder e a credibilidade de alguém que eu conheça ou em quem confio para que eu também possa confiar em si.

Os bons anúncios dão aos clientes um verdadeiro motivo para acreditarem no que diz. E, para isso, não hesitam em recorrer a recomendações de terceiros para atestarem a veracidade dos factos. Ninguém quer ser o primeiro a experimentar. As pessoas preferem ouvir da boca de quem já experimentou que vale mesmo a pena.

Os anúncios mais persuasivos recorrem a palavras ou expressões que geram maior dinâmica e despertam imagens agradáveis onde nos sentimos incluídos. Tocam-nos de perto em níveis diferentes. Envolvem-nos sensorial, visual, auditiva e emocionalmente. Se quiser apelar à memória dos outros, peça-lhes para recordarem o odor de algo em particular. Quando lhe peço para pensar no cheiro de um carro novo, o que lhe vem à cabeça? Qual é o carro em que pensa? Se lhe perguntar como era o cheiro da casa da sua avó, de certeza que vou fazê-lo viajar no tempo. Tenho a certeza de que se lhe disser que os tapetes, quando não secam totalmente, libertam um cheiro semelhante a fraldas sujas, vai perceber perfeitamente onde quero chegar. Compreende agora como uma coisa tão simples como o olfacto lhe desperta a atenção e lhe permite viver uma nova experiência?

Os anúncios perfeitos não só definem os critérios segundo os quais a concorrência será avaliada como instituem um padrão que só *você* poderá alcançar. A excelência de um anúncio faz toda a diferença face à concorrência. Quando chega ao ponto de substituir o nome ou logótipo dos seus rivais pelo da sua empresa ou produto sabendo que estes nunca poderiam fazer o mesmo, isso significa que o seu anúncio tem fortes possibilidades de ser um êxito.

O seu anúncio tem de incluir palavras, imagens e frases nas quais eu me reveja e que retratem algo que já me aconteceu ou que eu receio que possa vir acontecer se não usar o serviço ou produto em causa. Os bons anúncios são claros, sucintos e não obedecem a termos na moda nem a gírias específicas, apenas compreensíveis para um reduzido leque de pessoas. Devem ainda suscitar associações de ideias, isto é, algo que interligue todos estes elementos de uma forma coerente. Devem ligá-los à sua memória para que identifique rapidamente o que vê, ouve ou do que se trata. É precisamente aqui que começa o *branding* que vai garantir, ou não, a longevidade do produto ou serviço.

Os bons anúncios têm ainda outra qualidade, a de se focalizarem num único aspecto, sublinhado o mais possível através dos diferentes suportes publicitários, e que só dará lugar a outro aquando de uma nova campanha publicitária. Lembre-se de que a meta da publicidade é vender algo a uma pessoa de cada vez. Por último, importa realçar que a publicidade bem conseguida é aquela que se concentra numa única ideia ou acção em cada anúncio. Se tem dez aspectos que quer realçar, crie dez anúncios diferentes. Cada anúncio deve apelar à acção e dar pistas sobre o passo que o potencial cliente deve dar em seguida.

Invista parte do seu tempo na escrita, reescrita e investigação de material para os seus anúncios para os aperfeiçoar o mais possível. Mas deve ter presente que a sua escrita ou reescrita não basta por si só. Uma e outra devem cativar novos clientes e gerar mais receitas. Se não alcançar nenhum destes objectivos, é melhor começar do zero. Se a fasquia não subir, isso significa que os seus anúncios não tiveram o efeito pretendido.

Quero ainda dar-lhe algumas sugestões para criar bons anúncios. É essencial que tenham ritmo, como um poema ou uma canção, que tenham cadência e provoquem sensações que o motivem e levem a manter-se atento e lhe dêem forças para manter o ritmo.

Pessoalmente, gosto muito de ouvir música quando escrevo anúncios, pois ajuda-me a ter sempre presente a noção de ritmo e cadência.

Nos *media* visuais são as palavras que dão ritmo às imagens e estas devem estar em harmonia com a mensagem para lhe imprimir maior intensidade. Sugiro que veja muitos anúncios para perceber o que quero dizer em relação ao ritmo, para que possa captar a melhor forma de o incorporar nos seus próprios anúncios.

Se nunca escreveu um anúncio, experimente ler os livros que a seguir lhe recomendo, pois não só o ajudarão nesta nova tarefa como lhe permitirão avaliar melhor os anúncios que outros escrevem para si:

- David Ogilvy, *Ogilvy on Advertising* (Nova Iorque, Crown, 1993);
- Dennis Higgins, *The Art of Writing Advertising* (Nova Iorque, McGraw-Hill, 2003);
- David Morrell, *Lessons from a Lifetime of Writing* (Cincinnati, OH, Writers Digest Books, 2003).

Nunca se esqueça deste princípio: é possível criar bons anúncios sem grandes meios financeiros e nada garante que os anúncios dispendiosos sejam sempre bons. Se não é especialista em artes gráficas nem em produção, peça a um profissional dessas áreas para o ajudar. Se não encontrar resposta para todas as suas perguntas ou se os seus anúncios forem um fiasco, não desespere. Invista, contrate uma pessoa capaz de criar o tipo de anúncios que lhe interessa. Vai ver que recupera facilmente o investimento em publicidade se apostar em bons anúncios que, além de bem sucedidos, se traduzem em mais e melhores clientes.

Meça a eficácia dos seus anúncios
Não há melhor forma de medir o sucesso dos seus anúncios do que comparando o volume de negócios actual com o do ano anterior. Mas pode, e deve, usar outros parâmetros para fazer essa avaliação. Quando se mede o êxito é importante medir os dias, as semanas, os meses e o ano em questão. Este método permite-lhe antecipar tendências e saber se a sua publicidade é ou não eficaz, e não o sendo, aferir o que correu mal. Da mesma forma que lhe dá o *feedback* necessário para tornar os seus anúncios mais persuasivos.

O movimento nas suas lojas e o número de telefonemas são bons indicadores do impacto da sua mensagem nos consumidores. Se mantiver registos anuais actualizados sobre o movimento nas lojas poderá avaliar facilmente a reacção das pessoas a cada nova campanha publicitária. E se documentar o aumento do volume de vendas de um dado produto ou serviço pode avaliar mais facilmente a eficácia dos seus anúncios. Se quer focalizar os seus anúncios numa campanha de saldos tem de ter a certeza de que as vendas serão rentáveis, caso contrário terá de apostar numa série de pequenos anúncios que tornem rentável o período de saldos para justificar esse investimento.

Quando aumenta regularmente a eficácia da sua estratégia de *marketing*, o rácio de vendas também aumenta dramaticamente. Isto acontece essencialmente por duas razões: porque os anúncios lembram as pessoas de que querem comprar o seu produto ou serviço e levam-nas a tomar uma decisão, ou porque aqueles que estavam indecisos têm agora acesso a novos dados que os levam a agir.

Se criar uma linha telefónica, um número azul, se criar páginas específicas para o efeito no seu *site online* ou promover ofertas especiais segmentadas por diferentes *media*, poderá ter uma noção mais exacta da eficácia que cada anúncio tem nos diferentes suportes. Não é fácil fazê-lo com um orçamento reduzido, mas é exequível. Coloque uma série de anúncios numa estação de rádio, por exemplo, e avalie as reacções durante o período em que vão para o ar. Depois, escolha outro suporte e faça o mesmo teste. Mas não se esqueça de que este tipo de teste levanta alguns problemas, uma vez que um dos *media* pode ser mais eficaz em localizar clientes imediatos, enquanto o outro só gera resultados a médio prazo. Outro problema é saber qual irá potencializar melhor o seu anúncio. Mas se o seu objectivo é medir uma compra impulsiva ou imediata, esta é talvez a melhor forma de avaliar o impacto dos seus anúncios. Se optar por uma metodologia semelhante a esta a longo prazo, é conveniente que teste uma campanha durante, pelo menos, três meses antes de fazer um novo teste noutro suporte.

Perguntar é talvez a forma mais comum de medir o impacto de um dado anúncio e, claro, a menos fiável, pelas mais variadas razões. Antes de mais, porque são raras as pessoas que vão lembrar-se de onde e quando ouviram falar de si pela primeira vez, se é que alguma vez ouviram. E aqui incluem-se aqueles que dizem que viram o seu anúncio na televisão quando este nunca lá passou. Gostam de ser úteis e, por isso, inventam. Se quiser enveredar por esta abordagem, faça perguntas específicas como: Em que situação viu o meu anúncio? Consultou as Páginas Amarelas? Que rádio ouve habitualmente? Esta é, sem dúvida, uma abordagem mais eficaz no caso de anúncios impressos, pois pode identificá-los para o efeito e perguntar qual deles gerou uma decisão ou reacção.

O factor mais importante a reter deste acompanhamento é nunca deixar de o fazer. O acompanhamento da situação é vital para o crescimento e desenvolvimento do seu negócio, bem como para a criação de anúncios mais persuasivos. Não existe substituto mais eficaz para o ajudar a tomar melhores decisões do que boa informação. Se ainda não fez este acompanhamento, comece hoje mesmo e verá que a rendibilidade vai crescer proporcionalmente. Neste capítulo não só aprendeu a conceber anúncios mais persuasivos como aprendeu a quantificar o seu impacto. Se analisar cuidadosamente os resultados dos seus esforços, além de criar anúncios mais persuasivos, poderá atribuir um valor monetário às mensagens que quer transmitir.

Resumo

- Os anúncios persuasivos são, no fundo, histórias bem contadas, cuja moral leva a audiência a agir.
- Os anúncios persuasivos contam-me uma história de cada vez; não me bombardeiam com mil e uma ideias ao mesmo tempo. Estabelecem uma meta e levam-na até ao fim.
- Os anúncios persuasivos incluem todas as estratégias de persuasão que aprendeu até agora neste livro.

Pergunte a si próprio:

- Que posso dizer de conclusivo sobre o meu negócio que nenhum concorrente possa dizer sobre o seu?
- Qual é o meu público-alvo e que história quero contar-lhe?
- Depois de analisar os meus anúncios anteriores, que aspectos posso melhorar ou alterar por completo em anúncios futuros para os tornar mais eficazes?
- Terei contratado os melhores profissionais para criar as mensagens que quero que a empresa comunique?

(17)
Negociar Persuasivamente

Neste capítulo irá aprender:
- o que está em causa numa negociação
- os sete passos de um processo de negociação
- o segredo de uma negociação de sucesso

> *No mundo dos negócios não consegue aquilo que merece, consegue o que negociou.*
>
> Chester L. Karrass

Para muitos empresários, negociar é uma das tarefas mais árduas e obscuras que têm pela frente. O termo *negociar*, por si só, suscita desde logo um grande medo: o medo de falharem. Mas quando uma negociação é bem feita ninguém sai derrotado. As partes envolvidas devem, sim, ficar com a sensação de que as suas necessidades foram satisfeitas ou que tomaram a decisão certa. Na minha experiência, as únicas negociações que correram menos bem foram aquelas em que uma das partes ficou a pensar – com ou sem razão – que a outra se estava aproveitar.

Num processo de negociação somos muitas vezes vítimas dos nossos próprios preconceitos porque tomamos decisões emotivas e irracionais, em vez de ponderarmos sobre elas. É frequente basearmos as nossas decisões em crenças irracionais ou em convicções ocultas que nunca pensámos que pudéssemos ter.

Se quiser testar os seus preconceitos sobre as mais variadas questões, da raça à orientação sexual, passando pelas inaptidões, entre muitas outras, visite o *site* www.implicit.harvard.edu. É muito interessante analisar aquilo em que acredita – consciente e subconscientemente. Até porque são os nossos preconceitos inconscientes que nos impedem, amiúde, de alcançar os nossos desejos. Por vezes nem nos apercebemos dos obstáculos ao nosso sucesso, porque são intrínsecos à nossa pessoa.

Para ser um negociador persuasivo tem de ser congruente consigo mesmo. Deve também ter uma ideia muito clara sobre o resultado que quer obter. Deve ter presentes metas aceitáveis e apropriadas à situação, e evitar metas irrealistas e inexequíveis. O que acontece é que, independentemente do seu esforço de persuasão, não conseguirá nenhuma negociação de sucesso. Pelo contrário, apenas suscitará conflitos e uma carga emocional acrescida para ambas as partes. Por último, este cenário colocará todas as partes numa posição delicada por terem de defender o indefensável, onde ninguém sairá vencedor.

Descrever uma negociação como "win-win"* é, antes de mais, uma definição politicamente correcta sobre qual deve ser o resultado. A

---

* **N.T.** Em que ambas as partes saem a ganhar.

realidade é um pouco diferente. Quando nos sentamos a uma mesa para negociar, todos os presentes têm um objectivo em mente: fechar o negócio da forma mais proveitosa possível. Assim, é essencial que o principal persuasor compreenda que *não* pode reagir emotivamente aos resultados conseguidos pela outra parte. Deve antes focalizar-se em gerar o resultado que a outra parte ambicionou desde o início do processo ou permitir, pelo menos, um desenlace aceitável para ela. Só se pode falar em vitória quando ambas as partes ficam satisfeitas com o resultado. Mas pode acontecer que uma das partes se sinta vitoriosa e a outra tenha a sensação de que não obteve tudo o que queria. O mais importante nesta situação é aceitar e compreender as razões por que isso aconteceu. Se assim não for, o mais certo é quebrarem o acordo, reiniciando o processo, ou escolherem outra solução.

Quando penso em negociações lembro-me sempre das palavras de Robert Estabrook, que resumiu magistralmente o processo negocial: "Quem aprender a discordar com elegância descobriu o segredo mais valioso de um diplomata". Quase todas as técnicas de persuasão que aprendeu ao longo deste livro se enquadram nesta lógica. Quando quer obter concessões de terceiros lembre-se do seguinte: "O que tenho para oferecer neste acordo?" Se não tiver nada para oferecer, não há negociação possível. Trata-se muito simplesmente de uma venda e deve assumi-la como tal.

> Por definição uma negociação implica dar e receber. Deve ter consciência do que está em jogo, do que pode perder e até onde está disposto a ceder para salvaguardar os seus objectivos.

Vender requer muitas vezes um certo grau de negociação, mesmo para um persuasor profissional. Isso pode passar pelos termos do acordo ou margem de lucro, ou ainda pela comissão que o vendedor quer obter.

Para iniciar um processo de negociação de forma persuasiva tem de fazê-lo partindo de uma posição de poder e autoridade. E, para isso, deve estar o melhor informado possível. Tem de controlar a situação e saber o que pode ou não acontecer, até onde pode ser flexível e o que não é passível de ser alterado. Deve ainda saber quais os aspectos negociáveis, como as garantias de pagamento antecipado, por exemplo. Definidas as suas fronteiras, só terá de perceber quais são as fronteiras da outra parte envolvida.

Se souber que uma negociação está iminente, informe-se com antecedência junto de outros fornecedores ou pessoas que já tenham negociado com a empresa ou empresário em questão para obter mais informações. Tente descobrir o seu estilo, até que ponto é, ou não, flexível, que concessões fez em negócios anteriores. Ao inteirar-se destes pormenores poderá elaborar melhor a sua proposta e ficar a saber o que o espera. Quanto mais bem preparado estiver, menos hipóteses haverá de a outra parte fazer *bluff*.

A abertura e a honestidade são aspectos-chave para o desenvolvimento de uma relação assente na confiança. É importante que a sua identidade se enquadre com a da pessoa com quem trabalha e, acima de tudo, com a daquela com quem pretende negociar. Por exemplo, se negociou todo o processo com um gestor imobiliário e se tem, agora, de falar com o respectivo advogado, é fundamental que ajuste a sua identidade, que se apresente bem vestido e que esteja preparado para discutir um conjunto de ideias e expectativas sobre as quais ponderou antecipadamente.

As negociações devem ser levadas a cabo por duas pessoas que tenham autoridade para decidir sobre o que está em discussão. Se a pessoa sentada à sua frente não tem essa autoridade, sugiro que aguarde até ter oportunidade de negociar com quem pode, de facto, tomar decisões. Quando o verdadeiro decisor não está presente, isso significa que a outra parte optou por uma situação de impasse.

É importante que defina logo no início do processo de negociação os resultados que tem em vista. Deve perguntar a si próprio o que ambiciona no negócio em questão. Se clarificar as suas expectativas numa fase inicial, é possível que a pessoa que quer persuadir as considere o desfecho ideal para a vossa negociação e se empenhe em concretizá-las. Se partir de uma posição pouco exigente, não só terá maiores dificuldades em subir a fasquia mais tarde como terá menos margem para eventuais concessões. Num processo de negociação, a persuasão só pode ser eficaz se respeitar a lógica de dar para receber.

Se for o primeiro a fazer uma concessão, é muito provável (e mais fácil) que a outra parte faça, também ela, uma concessão. Se souber gerir a situação, quem sabe se não levará a outra pessoa a fazer uma concessão maior do que a sua para provar que, dos dois, é a mais benevolente.

Se, entretanto, já conquistou o estatuto de especialista na sua área, pode valer a pena invocá-lo durante o processo de negociação. Este aspecto é ainda mais importante quando negoceia com alguém que não teve oportunidade de persuadir. Se for esse o caso, tente que a pessoa que persuadiu esteja também presente no decorrer do processo negocial. Porquê? É muito simples. Porque fez um compromisso consigo. Além disso, pode tirar partido do facto de essa pessoa estar emocionalmente envolvida na negociação e de querer chegar ao resultado acordado. Tem ainda a vantagem de, com a sua presença, contornar eventuais manobras de diversão dos restantes negociadores. Se houve acordo sobre aspectos específicos, nada melhor do que confirmá-lo com quem de direito.

> O processo de negociação é também um jogo de perguntas e paciência. Quanto mais informações tiver sobre com quem vai negociar, sobre as suas expectativas e convicções pessoais, melhores condições terá para chegar a um resultado positivo.

Relacione o factor apreciação com familiaridade para melhor persuadir a pessoa com quem está a negociar. Faça-a falar de tópicos tão simples como o estado do tempo: o facto de concordar que está um dia bonito ou desagradável cria uma certa cumplicidade, um ponto em comum para construir algo mais. Pode parecer simplista, mas se tiver presente a forma como as seitas funcionam verá que não é bem assim. Lembre-se de que começam por partilhar uma crença ou convicção comummente aceite, como o conceito de salvador e salvação, para criar consensos. A partir daí, só têm de "construir o edifício" em torno dos valores partilhados.

São sete os passos que deve – e vai querer – dar ao longo do processo de negociação para que a sua estratégia de persuasão seja ainda mais eficaz:

1. Deixe, sempre que possível, que a outra parte apresente primeiro a sua proposta. Verá que, muitas vezes, as condições propostas são mais vantajosas do que pensara inicialmente. A negociação termina antes mesmo de começar. Se não for esse o caso, dá-lhe a si a oportunidade de conhecer primeiro a proposta da outra parte. Tem assim a possibilidade de ajustar a sua antes de apresentá-la.

2. Teste as expectativas para perceber o que é, e não é, negociável. Se a outra parte disser "Fazemos sempre 'x'", faça perguntas, peça pormenores. Pergunte se alguma vez houve uma excepção ou em que situação aceitariam que isso não acontecesse. Tente perceber se é uma "regra de ouro", ou seja, daquelas que não se infringem, ou se pode haver excepções. Se assim for, quer dizer que essa regra não é absoluta, mas relativa.
3. Feito o teste, não insista. Ponha esse aspecto de lado e explique que quer tratar de outros assuntos primeiro. Leve a outra parte a concordar com coisas insignificantes. Um clima de concordância abre caminho a uma solução capaz de agradar a ambas as partes.
4. Não reaja a aspectos emocionais. É normal que, numa negociação, alguém tente pressionar nesse sentido. Não empole a questão e prossiga com as negociações. Se a outra pessoa insistir, aborde o assunto e a atitude dessa pessoa com frontalidade. Especialistas e decisores não têm nada a provar; critique o comportamento em causa e mostre que está disposto a abandonar a mesa de negociações se a outra parte persistir numa atitude menos correcta. Numa negociação pode sempre dar-se o caso de alguém discordar e sair a meio do processo. Não receie fazê-lo se isso se justificar. Escolha o momento oportuno, sabendo que tal atitude pode, mais tarde, reforçar o seu poder.
5. Ponha as cartas na mesa. Antes de as partes poderem chegar a um acordo sobre o que estão, ou não, dispostas a fazer, é importante que todos coloquem as cartas na mesa. Muitas vezes, esse "pormenor" permite ultrapassar impasses. Se ficar com a impressão de que não vai ser capaz de cumprir os termos que propus porque isso pode levá-lo à falência, nem sequer vale a pena dar início à negociação. Temos de encontrar uma alternativa.
6. Feche a negociação reiterando o que ambas as partes acordaram fazer e reúna os documentos necessários para os passos seguintes. Certifique-se de que todos perceberam o resultado pretendido.
7. Por último, fechado o negócio não perca a oportunidade de continuar a persuadir. Não hesite em convidar a(s) pessoa(s) com quem fechou negócio para jantar ou em oferecer-lhe(s) um presente. Primeiro, deixe claro que ao inaugurar a lógica de dar para receber cumpriu a sua parte e que espera agora que ele ou

eles honrem a sua. Segundo, esta atitude vai reforçar a ideia de que existe uma parceria em que há confiança e respeito mútuos. Claro que nem sempre poderá fazê-lo, especialmente se as negociações ficarem marcadas por circunstâncias negativas. Mas, mesmo aí, pode compensar determinados aspectos, nem que seja lamentando o facto de se ter chegado àquela situação e que o mais importante foi ter havido um acordo. Sublinhe a disponibilidade demonstrada pela outra parte. Lembre-se de que não é o momento de mostrar o seu orgulho. É, sim, o momento de se certificar de que o acordo se mantém de pé.

Tenha sempre presente que, tal como em todas as situações que implicam persuasão, a pessoa mais flexível é também a que persuade melhor. Desenvolva harmonia e mantenha-a. Focalize-se no todo sem perder os detalhes de vista. Recolha informações e use-as apenas se necessário. Se fez muitas concessões, sublinhe a sua flexibilidade e dê a entender, de forma clara, que agora espera algo em troca.

Mostre a sua satisfação quando as negociações são concluídas com sucesso. O processo de negociação pode ser extremamente divertido, um pouco à imagem de um jogo de xadrez em que os jogadores dão o melhor de si mesmos. Concluído o processo, pondere sobre o que poderia ter feito para ser mais persuasivo, porque este evento não será o último. E quanto mais souber, melhor será o seu desempenho no futuro.

Resumo

- Numa negociação pode haver vencedores e vencidos, e ambas as partes podem, mesmo assim, decidir que vale a pena continuar.
- Deve aplicar todas as técnicas de persuasão aprendidas neste livro num processo de negociação.
- A persuasão deve continuar depois de fechar o negócio para se certificar de que o acordo se mantém.
- É conveniente suspender temporariamente o processo no caso de impasse ou de tensão emocional; privilegie a serenidade e aproveite para pôr as ideias em ordem.

Pergunte a si próprio:

- É importante sair vencedor em todas as negociações em que participo para poder atingir os meus objectivos? Se sim, deverei ficar satisfeito com o acordo alcançado mesmo que não consiga o resultado ideal?
- Conseguirei vencer a emoção no decorrer da negociação, mesmo quando a outra parte não consegue?
- Terei coragem de suspender as negociações se as minhas necessidades não forem correspondidas?
- Tenho o hábito de confirmar se estou a negociar com o verdadeiro decisor ou se este está presente na negociação?

(18)
Persuadir as Massas Electronicamente

Neste capítulo irá aprender:
- a importância dos meios electrónicos na negociação
- como persuadir a um custo mais baixo
- a tirar partido dos programas de rádio e áudio

> *Quando cheguei à presidência, só os físicos nucleares tinham ouvido falar na Internet... Hoje, até o meu gato tem uma página online.*
>
> Bill Clinton, ex-presidente dos EUA

Se quer persuadir eficazmente tem de aprender a persuadir electronicamente. E não me refiro, neste caso, a *media* transmitidos por via electrónica como a rádio e a televisão. Refiro-me, sim, ao uso das técnicas de persuasão através das tecnologias da Internet.

Se é verdade que já muitos escreveram sobre como usar a Internet, também é verdade que poucos exploraram este meio na óptica da persuasão. Felizmente, este novo meio de comunicação usa muitas das regras que se aplicam aos *media* convencionais. Contudo, existem diferenças consideráveis que deve ter em conta.

Realço agora uma certeza: hoje em dia não pode prescindir da Internet para persuadir a sua audiência, seja ela composta por uma única pessoa ou por milhões. A Internet é uma força predominante nas nossas vidas. Dá-nos acesso fácil e imediato a todo o tipo de informação. A mesma que, no passado, nos consumia dias ou mesmo semanas de pesquisa.

É pois fundamental que aprenda a persuadir através do meio que todos utilizarão para confirmar a veracidade do que lhes transmitiu ou, muito simplesmente, para procurar informações a seu respeito.

Os bons persuasores utilizam diversas tecnologias nos *sites* que criam na Internet para veicular as suas mensagens. A primeira é o *site* propriamente dito. O seu *site* deve ter uma imagem coerente com a sua identidade e com a imagem da sua empresa. Tenho tido oportunidade de conhecer pessoas extraordinárias, que cuidam a sua imagem e o discurso, e que sabem transmitir a sua mensagem de uma forma especialmente incisiva. Mas quando visito o seu *site online* para obter informações mais detalhadas deparo frequentemente com algo incipiente, que parece ter sido criado por alguém que desconhece por completo as regras do *design* gráfico, da imagem e texto apelativos. O que acontece? A excelente imagem que guardava dessa pessoa fica indelevelmente marcada pela falta de qualidade do seu *site*. Ou seja, ficamos com uma imagem incongruente e passamos a questionar a nossa primeira impressão: será que é assim tão inteligente e bem sucedida como à primeira vista poderia parecer? As pessoas vão julgá-lo pelo seu *site* na Internet.

Não sou nem *web designer* nem artista gráfico, mas tenho a exacta noção do que é necessário fazer para que um *site* seja persuasivo. Primeiro, tem de ser rápido a descarregar e fácil de navegar. Depois, tem de estar bem estruturado para poder encontrar a informação que procuro em dois ou três cliques. Segundo, deve ser graficamente apelativo. Deve ser pensado para facilitar a leitura. Isto é, não deve ter luzes a piscar nem fontes ou *layouts* que perturbem a pesquisa. Terceiro, deve conter toda a informação necessária para esclarecer as minhas dúvidas e o seu contacto, caso queira aprofundar algum aspecto ou solicitar outras informações. Deve ainda criar uma *newsletter* ou outro suporte de comunicação regular para desenvolver e consolidar a relação criada. Deve fazê-lo através de um sistema de notificação instantânea que permita subscrever e receber imediatamente toda a informação.

Pode ainda ser útil fazer uma lista das pessoas que apreciam o seu trabalho, visto serem potenciais veículos de persuasão. Também é boa ideia incluir o seu número de telefone em todas as páginas do *site*. Quarto, é importante que inclua vídeo e áudio nas áreas mais importantes do seu *site*. A Internet tem outra grande vantagem: as pessoas podem escolher o tipo de comunicação que preferem. Podem ler, ouvir ou ver – só têm de escolher em função dos seus gostos pessoais.

O vídeo e o áudio são duas ferramentas-chave quando quer persuadir *online*. Durante as pesquisas que efectuei para este livro, tive a oportunidade de visitar Armand Morin, fundador de The Big Seminar, que é tão-só o melhor seminário de persuasão via Internet que existe hoje em todo o país. Morin é também co-fundador do "Audio Generator" e do "Instant Video Generator" em parceria com Alex Mandossian e Rick Raddatz. Morin explicou como a introdução do áudio no seu *site* teve um efeito extremamente persuasivo, aumentando a resposta do público em 300 por cento. Disse ainda que o componente áudio aumentou consideravelmente a eficácia do *site*. A resposta cresceu 300 por cento depois de ter colocado um pequeno ficheiro áudio que era automaticamente accionado quando se "clicava" no site. O ficheiro dizia "Antes de avançar, introduza o seu nome e *e-mail* no espaço à sua direita para poder receber mais informação sobre 'x'". Isto apenas vem reforçar a ideia de que as pessoas querem saber o que fazer a seguir, embora dispensem perder tempo a saber como.

As páginas na Internet devem ainda ter frases-chave como qualquer outro tipo de anúncio. Essas frases devem resumir a informação que é desenvolvida mais abaixo e dizer-me por que é importante para mim. Ou então devem colocar-me uma questão pertinente que me leve a querer saber mais. O seu *site* deve ter um carácter informativo, deve suscitar interesse e estar sempre actualizado. A Internet é, acima de tudo, uma ferramenta informativa. O componente comercial surge em segundo lugar. Se o seu *site* fizer um bom trabalho a informar e a persuadir, o êxito está garantido.

Os *blogs* estão intimamente ligados aos *sites* e qualquer utilizador pode editá-los. Qualquer um que saiba usar um processador de texto pode escrever um *blog*. E um *blog* deve ser visto como um diário *online* onde publica as suas opiniões ou ideias sobre um determinado assunto, e que é actualizado diária ou semanalmente.

Os *blogs* são instrumentos poderosos por várias razões, entre as quais o facto de serem altamente cotados nas páginas dos motores de busca, merecendo muitas vezes maior destaque do que as páginas *online* pela relevância das suas palavras-chave e pela actualidade do seu conteúdo. Tenho um *blog* que uso no âmbito do meu trabalho em consultoria (pode visitá-lo em www.boldapproach.com – basta clicar no logótipo) e que já me colocou uns lugares acima dos meus concorrentes mais directos graças, muito simplesmente, a palavras-chave como *publicidade* e *marketing*. Se assim não fosse teria de pagar entre cinco a dez dólares por cada *clique* num motor de busca "pague-por-*clique*" como o Google para ter a mesma relevância.

Os *blogs* são poderosos porque são uma espécie de painel opinativo onde explana as suas ideias e onde os outros as podem ler e comentar. E como já atingiram um estatuto de *media*, os meios de comunicação procuram-nos cada vez mais para obter informações e contactar especialistas que possam entrevistar sobre os assuntos mais diversos. A tecnologia RSS, ou "Real Simple Syndication."*

Como persuadir as massas pelo custo de uma chamada

Os teleseminários e a teleformação são a forma mais simples que actualmente existe de persuadir um grupo de pessoas "pessoalmente" sem que isso implique qualquer deslocação. Os teleseminários são diferentes das teleconferências tradicionais essencialmente porque o público é composto por pessoas que gostam dos seus livros, *site*, *newsletter*, *blog* ou afins. Querem ouvi-lo, são seus seguidores e querem ter acesso à sua pessoa.

Alex Mandossian é o maior perito de teleseminários dos EUA e os seus rendimentos anuais, com muitos zeros, são a prova disso. Também desenvolveu uma ferramenta de persuasão a que chamou "Ask Database". Quando falei com ele, teve a gentileza de me informar sobre os aspectos e as técnicas que considera mais relevantes no processo de persuasão via telefone ou sob a forma de teleseminário. Curiosamente, usa muitas das técnicas que lhe ensinei nos capítulos dedicados às estratégias de persuasão, embora lhes dê o seu toque pessoal.

Para Alex, os teleseminários são um meio eficaz de comunicar e persuadir as pessoas a agir. O segredo está em falar metaforicamente, ou seja, usando imagens. É preciso envolver as pessoas para que não percam o interesse pelo que está a ser dito. Numa conversa telefónica que pode durar entre 60 a 90 minutos e em que nenhum dos intervenientes se vê, dificilmente se podem controlar eventuais focos de distracção. Mas Alex tem uma solução. Envia *cheat sheets** à audiência para esta

---

* **N.T.** Formato de transmissão de dados baseado na linguagem XML, permite que os utilizadores subscrevam um *blog* e o recebam directamente no seu *desktop* sempre que o administrador do dito insira novos comentários (ou sempre que o autor entender que deve enviá-lo), para que todos partilhem as últimas novidades. Esta tecnologia tem duas vantagens: não só facilita a criação de um grupo de leitores fiéis que gostam do que escreve como lhes dá, até certo ponto, acesso exclusivo à sua pessoa.

** **N.T.** *Cábulas.*

tomar apontamentos durante a aula e pede-lhes o seguinte: "Quero que se concentrem no que eu digo e quero que tomem notas sobre o que digo. Não podem distrair-se. Quanto mais captar a vossa atenção, maiores serão as probabilidades de virem a fazer o que eu quero que façam."

Se usar metáforas e verbos que transmitam dinamismo captará mais facilmente a atenção do seu interlocutor, no caso de uma conversa telefónica, ou da sua audiência, quando de uma aula presencial. Use termos que transmitam acção e imagens fortes para descrever à sua audiência o que quer que ela faça. Quanto mais envolver a sua audiência mais esta se deixará persuadir. Cative a atenção da sua audiência desde o início. Numa teleconferência de 60 minutos, regra geral, as pessoas prestam atenção ao que diz nos primeiros 20 minutos. Isto não lhe lembra qualquer coisa? Exactamente, é a lógica de um *infomercial**. Passados cerca de 15 minutos, o *infomercial* convida-o a agir. É o que deve fazer e, depois, deve desenvolver a questão por mais 20 minutos, deixar algum tempo para perguntas e usar os últimos dez minutos para cativar e persuadir a audiência a agir e a comprar naquele preciso instante.

Se recorrer à teleconferência apenas para educar a audiência, integrando-a no processo de venda, é conveniente que se mantenha focalizado no conteúdo que pretende transmitir do princípio ao fim. Pessoalmente, gosto de dar algum espaço para me colocarem perguntas passados os 20 primeiros minutos e volto a fazer o mesmo passados 40 minutos. As perguntas têm grande impacto. O facto de alguém colocar uma pergunta leva os outros a pensar e dá-lhe a si a oportunidade de esclarecer a audiência.

Deve gravar todos os teleseminários para depois os disponibilizar no seu *site*. Pode ainda transformá-los em áudio-livros ou em relatórios especiais e oferecê-los a pessoas que pretende persuadir. Se os usar como presentes, deve deixar claro que têm valor comercial. Hoje em dia, a maioria dos áudio-livros dirigidos à área comercial custa, no mínimo, 24.95 dólares e o seu não deve fugir à regra. Não se esqueça de que as pessoas encaram a Internet como uma fonte de informação. E quanto mais informação facultar aos seus potenciais clientes, mais probabilidades terá de vir a persuadi-los. E quanto mais estes souberem sobre si, maior será a sua confiança e o desejo de o seguir.

---

* **N.T.** Anúncio simultaneamente informativo e comercial.

Aposte num programa de rádio

Em tempos, só havia duas maneiras de ter um programa de rádio. A primeira implicava tirar um curso especializado e arranjar trabalho numa estação de rádio. A segunda passava por comprar um espaço radiofónico e criar o seu programa de rádio. Esta opção continua a ser viável e é uma excelente aposta, se tem por meta persuadir um vasto número de pessoas.

Mas hoje tem ao seu dispor uma alternativa à rádio convencional – o *podcasting*, isto é, a publicação de conteúdos áudio na Internet. O aparecimento de equipamentos especificamente dirigidos à música digital tornou possível esta ideia revolucionária: qualquer um que tenha um computador e que invista no equipamento mínimo necessário (um investimento que não ultrapassa os 200 dólares) pode criar o seu próprio programa de rádio. As regras mandam que o programa comece com um *jingle* e uma música de abertura, tal qual um programa convencional. A vantagem é que não usa uma frequência de rádio e sim o *podcast*, isto é, um sistema de distribuição de conteúdos áudio na Internet, que envia a respectiva informação directamente para as caixas de correio electrónico da sua audiência. Um ex-VJ da MTV, Adam Curry, foi pioneiro na criação de *software* para *podcasting* e do respectivo *site* de distribuição, que ficou conhecido por www.ipodder.org. A lógica é semelhante à dos *blogs*: as pessoas escolhem o que querem ouvir, subscrevem (por norma gratuitamente) e recebem novos elementos à medida que os for criando.

O *podcasting* é uma excelente ferramenta para persuadir um nicho de audiência. Já recorri a esta tecnologia para contactar mais eficazmente com empresários e vendedores, uma vez que passam grande parte do seu tempo em viagem de avião ou de carro. Por esta razão, muitos têm hoje leitores de música digital que lhes permitem não só ouvir música como, mais importante ainda, outro tipo de informação. O meu *podcast* tem o formato de um programa de rádio convencional e até inclui publicidade aos meus produtos e ao meu trabalho. Esta abordagem visa persuadi-los e consolidar a minha imagem de especialista, ao mesmo tempo que vendo os meus produtos e serviços a uma audiência interessada no que tenho para dizer. Recorde-se de que a rádio tem um espectro de ouvintes bastante heterogéneo, pelo que nunca se sabe muito bem quem nos ouve e quando. O *podcasting*, pelo contrário, é extremamente dirigido, visa um alvo, pois resulta da procura dos ouvintes de algo muito concreto. Se quiser conhecer melhor o potencial do *podcasting* e aprender a usá-lo para vender, consulte o *site* www.howtopodcastforprofit.com.

Mantenha-se a par das novas tecnologias para desenvolver a persuasão. Para ajudá-lo nessa tarefa, decidi criar um *site* como complemento a este livro para que possa acompanhar e actualizar os seus conhecimentos sobre as últimas tecnologias aplicadas à persuasão. Basta visitar www.howtopersuade.com. E faça-o regularmente para saber das últimas novidades e, assim, melhorar a sua capacidade de persuasão.

Resumo
- Deve criar um *site* eficaz para poder exercer persuasão regular e sistematicamente. As pessoas precisam de um meio alternativo para saberem mais sobre si.
- O seu *site* deve incluir vídeo e áudio para torná-lo mais persuasivo.
- Tem muitas ferramentas ao seu dispor, como os *blogs* e o *podcasting*, que não só realçam a sua qualidade de perito como podem ajudá-lo a identificar os que o apreciam particularmente e que, por isso mesmo, são mais fáceis de persuadir.
- Os teleseminários são a forma mais eficaz e menos onerosa de persuadir as massas, e como não têm uma vertente presencial nem sequer o obrigam a sair do gabinete.

Pergunte a si próprio:
- Que tecnologias posso utilizar de imediato para persuadir a audiência mais eficazmente?
- Que mudanças devo fazer no meu *site* na Internet para torná-lo mais coerente com a minha identidade e com a imagem da empresa?
- Que alterações devo fazer no meu *site* para torná-lo mais acessível e informativo?

(19) Dominar a Persuasão – A Arte de Obter Aquilo que Quer

Neste capítulo irá aprender:
- quais são os seis princípios da persuasão

> *Deve educar a sua intuição – deve confiar na voz que, dentro de si, lhe diz exactamente o que deve dizer e decidir.*
>
> Ingrid Bergman

A persuasão, como qualquer outra competência, só pode ser dominada através da prática e da experiência. Se o seu objectivo é persuadir ao mais alto nível, tem de estar disposto a aprender... a todo e qualquer momento. Dominar a persuasão implica anotar cuidada e sistematicamente todas as situações em que a sua estratégia se revelou especialmente eficaz e aquelas em que foi um fiasco. Deve desconstruir e analisar detalhadamente umas e outras para encontrar pistas que o conduzam ao sucesso. É este processo analítico que vai educar o seu raciocínio e ajudá-lo a decidir quando e qual a melhor estratégia a adoptar.

Mais importante ainda, educa o seu subconsciente e a sua intuição, precisamente os dois "mecanismos" que avaliam e interpretam o mundo que o rodeia, orientando, alertando ou confirmando as suas acções.

A persuasão é, nem mais nem menos, a arte de obter aquilo que se quer. Muitos de nós não conseguimos alcançar o sucesso que ambicionámos e a culpa é apenas nossa. Falhámos, não conseguimos atingir as metas definidas porque não fomos capazes de persuadir quem nos podia ajudar a atingi-las. E não nos ajudaram porque não lhes pedimos *tout court*. Ninguém o poderá ajudar a concretizar os seus sonhos se não os partilhar nem der a conhecer. Lembre-se, como dizia Zig Ziglar, que "pode ter tudo o que quer na vida se souber ajudar os outros a obter o que eles querem"*.

> O segredo da persuasão está em perceber o que quem pretende persuadir quer e em ajudá-lo a consegui-lo.

A arte da persuasão tem-me sido particularmente útil ao longo da vida. O que começou por ser uma obsessão, ou seja, a imensa vontade de compreender por que algo correu tão mal, deu lugar à

---

* **N.T.** *Secrets of Closing the Sale*, Berkley Publishing, 1985.

compreensão, ao conhecimento que hoje tenho de como tudo pode funcionar na perfeição. Cheguei mesmo à conclusão de que persuadir os outros não é muito diferente de persuadir-me a mim próprio. Parte de mim tem de obter alguma coisa quando a meta é persuadir-me: se ficar satisfeito com o resultado, posso falar em coerência entre o pensamento e a acção, e decerto acabarei por me persuadir a mim próprio. Se não ficar satisfeito, é muito provável que continue a repetir o comportamento que me propusera mudar ou eliminar. Por vezes, adopto a lógica do "faz de conta" para perceber se seria ou não capaz de adoptar um novo comportamento. Quero que actue como se fosse um excelente persuasor mesmo que não tenha a certeza do que quer fazer. Experimente "fazer de conta" durante uma semana e analise a importância que isso teve para si. Verá que não é tão difícil como parece.

Vou de seguida enumerar seis princípios essenciais para uma persuasão eficaz. Deve encará-los como parte integrante da estrutura que criou e a partir da qual vai desenvolver os seus esforços de persuasão.

Seis princípios da persuasão

1. **Focalização nos resultados.** Para persuadir eficazmente, deve definir de forma clara a meta que pretende atingir junto de quem pretende persuadir. Deve fazê-lo de maneira a que a pessoa persuadida tome a melhor decisão e, claro, a mais lógica – ou seja, aquela que havia previsto que tomasse. O processo deve ser contínuo, isto é, deve definir, esclarecer, orientar e ajudar a pessoa em questão a chegar à *sua* conclusão.

2. **Focalização nos melhores interesses da pessoa ou grupo a persuadir.** Os interesses da pessoa ou grupo são um aspecto vital para todo o processo. A persuasão nunca terá efeito a longo prazo se apenas tiver em mente satisfazer os seus interesses. Deve ter presentes os interesses de quem quer persuadir. Se não o fizer perderá o seu potencial de persuasão. E pode ainda criar situações prejudiciais para si e para aqueles que quer persuadir se a sua verdadeira intenção for, afinal, manipular e não persuadir.

   Pense no exemplo que lhe dei no início do livro, quando lhe falei da minha experiência com a seita. É verdade que mantém

um elevado número de fiéis, mas teve de mudar alguns dos seus métodos para continuar a recrutar e a converter.

A maioria daqueles com quem tinha uma relação pessoal abandonou a seita. Muitos voltaram a ter problemas e regressaram à droga ou cometeram suicídio. Outros persistiram nos mesmos erros ao longo da vida. Eis o resultado da manipulação. Os protagonistas da manipulação e da desilusão no seio do grupo de que fiz parte confrontam-se hoje com os mesmos problemas. Perderam toda a credibilidade. Ninguém acredita neles. De facto, não podiam manter a fachada para sempre. Resumindo, a manipulação foi denunciada e perderam a sua própria identidade.

3. **Autenticidade.** Os profissionais da persuasão dizem a verdade. E embora adaptem situações para melhor ilustrar a sua mensagem – o que é perfeitamente aceitável –, não mentem nem omitem intencionalmente para chegar a um determinado resultado. A persuasão profissional não se compadece da desonestidade. Os persuasores profissionais podem, assim, transformar-se naqueles com quem queremos dar-nos ou trabalhar de perto... ou naqueles que têm a fama de enganar, iludir e mentir. Pense bem antes de persuadir.

4. **Objectivos e *orientação no tempo*.** Os persuasores têm objectivos e *timings* muito concretos para alcançar as suas principais metas. E se não conseguirem influenciar uma dada pessoa ou grupo num determinado período de tempo, tendo em vista a meta a atingir, avançam para outra. Não podem dar-se o luxo de perder tempo com pessoas que não vão identificar-se com a sua forma de pensar quando tal for necessário.

É frequente ouvir vendedores dizerem que a conjuntura económica, a guerra ou qualquer outro factor os impediu de alcançar o objectivo de vendas pretendido. *Tretas*, digo eu. Há sempre quem compre o que você vende. As pessoas comprarão sempre aquilo que querem. Claro que, em certas alturas, é difícil persuadir e vender, mas não é impossível.

O único motivo por que não atingem o montante de vendas pretendido, ou não convencem os demais, é porque não estão atentos à forma como investem e gerem o seu tempo, ou porque o seu produto ou serviço não são bons. Se tiver um mau produto e não acreditar no seu potencial, não tente persuadir os outros de que é o produto bom para eles. Não seja incoerente. Utilize, sim, as suas competências de persuasão para arranjar o

emprego com que sempre sonhou. Se vou vender num ambiente concorrencial mais agressivo, tenho de investir mais tempo em identificar e analisar os potenciais clientes para poder maximizar os meus esforços com cada um deles.
5. **A vertente pessoal.** Os persuasores procuram conhecer bem as pessoas que querem influenciar, ou seja, não se limitam a escolher oportunidades. Os manipuladores escolhem oportunidades porque podem defraudar os seus alvos – não pode permitir-se esse luxo.

Os seus clientes mais valiosos são precisamente aqueles que já lhe compraram algo e se sentiram bem servidos. São esses que vão ajudá-lo a desenvolver o negócio, trazendo amigos e vizinhos, e recomendando-o a terceiros.

Digamos que os seus amigos se dividem em dois grupos – os que lhe são muito próximos e aqueles com quem mantém uma relação estritamente profissional, pois contribuem para ampliar o seu negócio. Não sinta que não pode categorizar as pessoas, pode e deve fazê-lo, porque não tem nada de mal.

Há muitas pessoas que considero amigos de circunstância e que até conheço bem, embora só nos encontremos pontualmente e mantenhamos essa relação porque temos interesses comuns. É verdade que todos temos de nos persuadir ocasionalmente, mas é mais fácil fazê-lo com alguém com quem já há uma relação do que com quem não conhecemos. Tenho ainda um grupo de amigos, mais reduzido, claro, por quem estou disposto a fazer o que for preciso sem esperar nada em troca. Acresce que não tenho de persuadir essas pessoas, pois sei que fariam o mesmo por mim. Compreende a diferença? Quando isso acontecer, tornar-se-á um persuasor ainda mais eficaz.
6. **Ética.** Se quer ser um persuasor profissional, ou muito simplesmente eficaz, deve primar por uma conduta eticamente correcta e esforçar-se por orientar os outros de uma forma positiva para que os resultados satisfaçam todas as partes. A década que marcou o início deste novo milénio mostrou-nos o que pode acontecer quando as pessoas e as empresas descuram este princípio fundamental – a ética. E isto não influencia apenas os directamente envolvidos. Afecta milhares de pessoas. Na sociedade em que hoje vivemos, em que tudo parece fácil de alcançar, quando a ética falha as consequências podem afectar centenas ou mesmo milhares de pessoas.

Os passos que se seguem ao domínio da persuasão

Este livro será uma sólida base e referência a que poderá recorrer em situações concretas ou quando entender que precisa de relembrar certos conceitos. Quando puder, assista a uma acção de formação. Verá que pode aprender ainda mais coisas quando interage com um grupo de pessoas com vivências, culturas e experiências muito diversas. Pode ainda aperceber-se de certas variantes da persuasão que um livro não consegue abarcar, por isso sugiro que receba a minha *newsletter* mensal. Basta entrar em www.howtopersuade.com e subscrevê-la. Neste *site* vai descobrir todas as novidades, ideias e correntes de opinião sobre a persuasão.

No final do livro, coloco à sua disposição uma pequena bibliografia. Recomendo vivamente todos os livros que dela constam. A editora com quem trabalho, a Wiley, é uma referência editorial em tudo o que respeita à persuasão. Penso que é do seu interesse visitar o *site* (www.wiley.com) para ter uma ideia da oferta da editora. Ao consultar o *site* www.howtopersuade.com terá acesso a uma lista mais detalhada de contactos e material de referência. Sugiro que o visite regularmente por várias razões: porque a sua actualização é constante e porque pode aceder a entrevistas em formato áudio ou vídeo, bem como a novos suportes de aprendizagem. Gostaria, se estiver de acordo, de ser o seu mentor quando aplicar a arte da persuasão, pois estou certo de que o vai fazer cada vez melhor e mais eficazmente. Aplicação e prática serão as suas chaves para a excelência na persuasão.

Desejo-lhe muito sucesso à medida que aperfeiçoar o processo da persuasão e espero, muito sinceramente, que partilhe comigo algumas das suas histórias. Envie-me um pequeno apontamento ou história sobre o que aprendeu e concretizou depois de ler este livro. Gostaria muito de incluir a sua história no meu *site* para que todos possam aprender com a sua experiência.

Lembre-se de que tudo o que faz implica algum nível de persuasão. Neste momento, tem todas as competências de que precisa para obter aquilo que quer. Agora vá para o terreno e persuada alguém que o ajude a atingir os seus objectivos. Quem sabe terá a recompensa por que tanto espera já na sua próxima conversa!

Leituras recomendadas

Persuasão

Joseph Campbell, *The Power of Myth*, 2.ª Edição, Anchor Books, Nova Iorque, 1991
Robert Cialdini, *Influence – The Psychology of Persuasion*, 2.ª Edição, Perennial Currents, Nova Iorque, 1998
Robert Greene, *The 48 Laws of Power*, Penguin Putnam, Nova Iorque, 2000
Kevin Hogan, *The Psychology of Persuasion*, Gretna, Los Angeles: Pelican Publishing, 1996
Robert Levine, *The Power of Persuasion*, Hoboken, New Jersey: Wiley, 2003
Kathleen Kelley Reardon, *Persuasion in Practice*, Thousand Oaks, CA: Sage Publications, 1991

Vendas e *Marketing*

Jeffrey Gitomer, *The Sales Bible*, 2.ª Edição, Hoboken, New Jersey: Wiley, 2003
John Klymshyn, *Move the Sale Forward*, Aberdeen, WA: Silver Lake Publishing, 2003
Dave Lakhani, *Making Marketing Work* (áudio-livro), Boise, ID: BA Books, 2004
Jay Conrad Levinson, *Guerilla Marketing*, 3.ª Edição, Boston: Houghton Mifflin, 1998
Blaine Parker, *Million Dollar Mortgage Radio*, Filadélfia: Xlibris, 2004
Annette Simmons, *The Story Factor,* Nova Iorque: Perseus Books Group, 2002
Jon Spoolstra, *Marketing Outrageously*, Bard Press, 2001
Mark Stevens, *Your Marketing Sucks*, Nova Iorque: Crown Business, 2003
Elmer Wheeler, *Tested Sentences That Sell*, Upper Saddle River, NJ: Prentice Hall, 1983
Roy H. Williams, *Secret Formulas of the Wizard of Ads*, Bard Press, 1999

Gostou deste livro? Oferecemos-lhe a oportunidade de comprar outros dos nossos títulos com 10% de desconto. O envio é gratuito (correio normal) para Portugal Continental e Ilhas.

	Título	Autores	Preço
☐	Sociedade Pós-Capitalista	Peter F. Drucker	19 € + iva = 19,95 €
☐	Liderança Inteligente	Alan Hooper e John Potter	19 € + iva = 19,95 €
☐	O que é a Gestão	Joan Magretta	19 € + iva = 19,95 €
☐	A Agenda	Michael Hammer	19 € + iva = 19,95 €
☐	O Mundo das Marcas	Vários	20 € + iva = 21,00 €
☐	Vencer	Jack e Suzy Welch	21 € + iva = 22,05 €
☐	Como Enriquecer na Bolsa	Mary Buffett e David Clark com Warren Buffett	14 € + iva = 14,70 €
☐	Vencer (áudio)	Jack e Suzy Welch	15 € + iva = 18,15 €
☐	O Diário de Drucker (versão capa mole)	Peter Drucker com Joseph A. Maciarello	19 € + iva = 19,95 €
☐	O Mundo é Plano	Thomas L. Friedman	20 € + iva = 21,00 €
☐	O Futuro é Hoje	John C. Maxwell	19 € + iva = 19,95 €
☐	Nunca Almoce Sozinho	Keith Ferrazzi com Tahl Raz	19 € + iva = 19,95 €
☐	Sou Director, e Agora?	Thomas J. Neff e James M. Citrin	19 € + iva = 19,95 €
☐	O Meu Eu e Outros Temas Importantes	Charles Handy	19 € + iva = 19,95 €

Colecção Espírito de Negócios

☐	Gestão do Tempo	Polly Bird	18 € + iva = 18,90 €
☐	O Poder do Pensamento Positivo nos Negócios	Scott W. Ventrella	18 € + iva = 18,90 €
☐	A Arte da Liderança Pessoal	Randi B. Noyes	18 € + iva = 18,90 €
☐	Comunicar com Sucesso	Perry Wood	18 € + iva = 18,90 €

Total	
10% desconto	
Custo Final	

Pode enviar o pagamento por cheque cruzado, ao cuidado de
Conjuntura Actual Editora, L.da – para a seguinte morada:
Caixa Postal 180
Rua Correia Teles, 28-A
1350-100 Lisboa
Portugal
Por favor inclua o nome completo, morada e número de contribuinte.

Os preços, adequados à data em que o livro foi editado, e a disponibilidade, podem ser alterados.
Para mais informações visite o nosso *site*: **www.actualeditora.com**